Zürcher Bibelkommentare NT 9

Gerhard Barth   Der Brief an die Philipper

Zürcher Bibelkommentare

herausgegeben von
Georg Fohrer, Hans Heinrich Schmid und Siegfried Schulz

Gerhard Barth

Der Brief an die Philipper

TVZ **Theologischer Verlag Zürich**

CIP-Kurztitelaufnahme der Deutschen Bibliothek
Barth, Gerhard:
Der Brief an die Philipper / Gerhard Barth. – Zürich: Theologischer Verlag, 1979.
(Zürcher Bibelkommentare: Neues Testament; 9)
ISBN 3-290-14723-1

© 1979 by Theologischer Verlag Zürich
Alle Rechte, auch die des auszugsweisen Nachdruckes, der photographischen und audiovisuellen Wiedergabe sowie der Übersetzung bleiben vorbehalten
Typographische Anordnung von Max Caflisch
Printed in Germany by Buch- und Offsetdruckerei Sommer, Feuchtwangen

Inhaltsverzeichnis

	Einleitung	7
	1. Ort und Gemeinde Philippi	7
	2. Abfassungszeit und -ort	8
	3. Die Frage nach der literarischen Einheit	10
1,1–11	Briefeingang	13
1,1–2	Absender, Adressaten und Gruß	13
1,3–11	Dank und Fürbitte für die Gemeinde	17
1,12–26	Bericht des Apostels über seine Lage	24
1,12–14	Die Lage des Apostels und der Evangeliumsverkündigung	24
1,15–18b	Mißhelligkeiten unter den Christen seiner Umgebung	26
1,18c–26	Die Gewißheit des Apostels	29
	Exkurs: Phil.1,23 und die paulinische Eschatologie	33
1,27–2,18	Ermahnungen zum rechten Wandel	35
1,27–30	Gemeinsamer Kampf für das Evangelium	36
2,1–4	Ermahnungen zu Eintracht und selbstlosem Verhalten	38
2,5–11	Das Verhalten Christi	40
	Exkurs: Das theologische und religionsgeschichtliche Problem des Christus-Hymnus	45
2,12–18	Zusammenfassende Ermahnungen	48
2,19–30	Pläne für die nächste Zukunft und Begleitschreiben für Epaphroditus	51
3,1	Schlußmahnung	54
3,2–4,1	Auseinandersetzung mit Irrlehrern (Kampfbrief)	55
3,2–4a	Warnung vor den Irrlehrern	55
3,4b–11	Die Gabe Christi schließt das Vertrauen auf menschliche Leistungen aus	57
3,12–16	Das Unterwegssein der Christen	62
3,17–4,1	Mahnung zum Feststehen im Glauben	66
	Exkurs: Die Irrlehrer in Phil.3	69
4,2–3	Persönliche Ermahnungen	71
4,4–9	Schlußmahnungen	72
4,10–20	Dankschreiben für die durch Epaphroditus überbrachte Gabe	74
4,21–23	Grüße und Segen	79
	Wichtige Literatur	81
	Stellenregister	83
	Sachregister	86

Einleitung

1. Ort und Gemeinde Philippi

Auf einer Karte des heutigen Griechenland findet man auch in guten Atlanten Philippi nicht. Es gibt zwar noch einen Ort namens Filippi; aber das ist nur ein kleines, abgelegenes Dorf von etwa 1000 Einwohnern in der Nähe einer ausgebreiteten antiken Ruinenstätte, in der seit dem 1.Weltkrieg immer wieder ausgegraben wurde. Ein paar Turmruinen, Bogenreste und Mauern, die sich gegen die Ebene hin in den Feldern und Sümpfen verlieren, sind alles, was von dem antiken Philippi geblieben ist. Und doch war dies einst eine bedeutende, aufstrebende und volkreiche Stadt, die immerhin als so wichtig galt, daß Paulus seinen ersten Missionsversuch in Europa nicht in der Hafenstadt Neapolis, dem heute noch florierenden Kavala, unternahm, wo er zuerst europäischen Boden betrat, sondern in dem etwas weiter landeinwärts gelegenen Philippi.
Den Namen Philippi trug die Stadt nach ihrem Gründer, dem mazedonischen König Philipp II., dem Vater Alexanders des Großen. Bedeutung erhielt die Stadt erst in römischer Zeit. Zunächst durch die bekannte Doppelschlacht von Philippi im Jahre 42 v.Chr., in der zwischen den Cäsarianern Octavius und Antonius und den republikanischen Cäsarmördern Brutus und Cassius in gewissem Sinne das Schicksal der römischen Republik entschieden wurde. Schon bald nach der Schlacht fing Antonius an, die Stadt römisch zu besiedeln. Danach wurden immer wieder Veteranen angesiedelt, die Stadt zur Militärkolonie erhoben und ihr als Colonia Julia Augusta Philippiensis besondere Rechte verliehen. Darüber hinaus wurde ihr wirtschaftlicher Aufschwung vor allem durch die Lage an der Via Egnatia begünstigt, der Straße, die den Osten des Reiches mit dem Westen und mit Rom verbindet. Das pulsierende Leben an der verkehrsreichen Via Egnatia wirkte sich auch auf religiösem Gebiet aus. Ausgrabungen brachten die Namen von gut zwei Dutzend Gottheiten zutage, die in Philippi verehrt wurden, darunter auch orientalische wie Isis, Sarapis, Mithras, Kybele und Harpokrates. Aus Apg.16,13 erfahren wir, daß es auch eine kleine jüdische Gemeinde dort gab. Dieser religiöse Synkretismus, d.h. dieses Nebeneinander verschiedener miteinander konkurrierender, aufeinander einwirkender und abfärbender Religionen, Kultgenossenschaften und Denkrichtungen, dürfte auch das Leben der Christengemeinde ein Stück weit beeinflußt haben.
Nach der Darstellung der Apostelgeschichte kam Paulus von Troas aus nach Philippi, nachdem der heilige Geist ihn daran gehindert hatte, in der Provinz Asien zu missionieren, und ihn ein nächtliches Traumgesicht nach Mazedonien gerufen hatte (Apg.16,6–10). So schwer man sich dieses Hindern des Geistes vorstellen kann, so deutlich ist doch, daß dadurch der Übergang nach Europa in seiner Bedeutung herausgestellt und mit Gottes besonderer Führung begründet werden soll. Das dürfte um das Jahr 49/50 gewesen sein. Seit der Auffindung der Gallio-Inschrift sind wir in der Lage, die paulinische Mission im griechischen Raum einigermaßen sicher zu datieren. Denn seitdem wissen wir, daß der Prokonsul Gallio, vor dem sich Paulus in Korinth verantworten mußte (Apg.18,12f), vom Frühsommer 51 bis Frühsommer 52 dort residierte. Das anderthalbjährige Wirken des Apostels in Korinth wird man dann zwischen 50 und 52 anzusetzen haben, und für die vorangehende Mission in Thessalonich und Philippi kommt man auf die Zeit von 49/50. Von der Gründung

der Gemeinde erzählt die Apostelgeschichte in 16,13–40 breit und anschaulich: von dem missionarischen Anfang in einer jüdischen Gebetsstätte, von der Bekehrung der Purpurhändlerin Lydia, der Dämonenaustreibung an einer wahrsagenden Sklavin und der darauf folgenden Gefangensetzung und der Austreibung aus der Stadt nach nächtlichem Erdbeben, Gefangenenbefreiung und Bekehrung des Kerkermeisters. Nicht allem, was da erzählt wird, kann man geschichtliche Sicherheit in gleicher Weise zusprechen. Aber zutreffend könnte es durchaus sein, daß Paulus mit seiner Mission bei der kleinen ortsansässigen Synagogengemeinde ansetzte. Das ist zwar ein stereotyper Zug in der Darstellung der Apostelgeschichte (vgl.13,14; 14,1; 17,1f.10; 18,4.19), entspricht aber auch der Wahrscheinlichkeit, da Paulus hier am ehesten anknüpfen konnte. Bezeichnend ist dann freilich, daß die erstbekehrte Lydia – von der wir im Philipperbrief nichts erfahren – eine «Gottesfürchtige», d.h. eine sich zum Synagogengottesdienst haltende Nichtjüdin war. Dem entspricht, daß die Gemeinde in Philippi eine überwiegend heidenchristliche Gemeinde gewesen zu sein scheint. Historisch sicher ist es auch, daß Paulus seine Mission in Philippi wegen Störungen von außen und Mißhelligkeiten mit den Behörden abbrechen, mit seinen Mitarbeitern nach Thessalonich ausweichen und die junge Gemeinde sich selbst überlassen mußte. Das ergibt sich nicht nur aus der Apostelgeschichte, sondern auch aus 1.Thess.2,2, und wird auch in Phil.1,30 vorausgesetzt. Gleichwohl hat die Gemeinde diese allzu schnelle Trennung von ihrem Begründer offenbar gut überstanden, ihrem Apostel die Treue gehalten und seine weitere Missionsarbeit auch aus der Ferne unterstützt. Sowohl nach Thessalonich (Phil.4,16) als auch nach Korinth (2.Kor.11,9) haben sie ihm zu seiner Unterstützung offenbar Geldmittel geschickt, und der unmittelbare Anlaß des Philipperbriefes selbst ist ja eine solche Unterstützung, die Paulus von ihnen erhalten hat.

Paulus kam später wahrscheinlich noch zweimal nach Philippi. In 1.Kor.16,5f schreibt er, daß er von Ephesus aus über Mazedonien nach Korinth reisen wolle, und in 2.Kor.2,13 und 7,5, daß er in Mazedonien angekommen, den aus Korinth zurückkehrenden Titus getroffen habe. Ob das in Philippi war, ist nicht sicher, aber möglich. Laut Apg.20,6 kam er danach auf seiner Rückreise von Griechenland nach Jerusalem noch einmal durch Philippi. Über den inneren Zustand der Gemeinde, über Spannungen und Gefahren durch Irrlehrer zur Zeit der Abfassung des Briefes lassen sich aufgrund von Phil.1,7.27ff.; 2,1ff.; 3,2ff. einige Schlüsse ziehen; damit hat sich die Auslegung zu befassen.

2. Abfassungszeit und -ort

Die Frage, wann Paulus den Philipperbrief schrieb, ist davon abhängig, von welchem Ort aus er ihn schrieb. Im Brief wird verschiedentlich darauf Bezug genommen, daß der Apostel in Gefangenschaft ist (1,7.12ff.30; 2,17), daß es dabei für ihn um Leben und Tod geht (1,20f.; 2,17), er aber immerhin auf einen günstigen Ausgang des Prozesses hofft (1,25; 2,23f.). Ein Gefangenschaftsort wird aber nicht genannt. Die Frage ist: Wann und wo war Paulus in einer Lage, auf die die Angaben des Briefes zutreffen?

Die Apostelgeschichte nennt zwei Orte, an denen er sich für längere Zeit in Gefangenschaft aufhielt: Cäsarea und Rom. Und seit den Tagen der Alten Kirche bis in jüngste Zeit hat man allgemein angenommen, daß Paulus den Brief in Rom geschrieben habe. Für Rom scheinen zwei Angaben zu sprechen: a) In 1,13 wird vom «Prätorium» gesprochen, worin man entweder einen Hinweis auf die Prätorianertruppe in Rom oder gar auf den Kaiserpalast in Rom sah. b) 4,22 heißt es: «Es grüßen euch alle Heiligen, besonders die aus dem Haus des Kaisers», was man auf Angehörige des kaiserlichen Haushalts, Hofbeamte oder Hofbedienstete bezog. Inzwischen hat sich aber gezeigt, daß beide Stellen keine stichhaltigen Argumente für Rom als Abfassungsort enthalten: a) «Prätorium» bezeichnet in kaiserlicher Zeit nicht nur kaiserliche Villen, sondern auch die Residenz des Statthalters. Diese Bedeutung hat Prätorium auch in den Evangelien (Mat.27,27; Joh.18,28 u.ö.). Eine Residenz des Statthalters gab es aber in jeder Provinzhauptstadt, d.h. auch in Cäsarea, Ephesus oder Korinth. b) «Die aus dem Haus des Kaisers» brauchen keine Hofbeamte zu sein. Es handelt sich vielmehr um einen geläufigen Ausdruck für Kaisersklaven, und die gab es in Rom wie im ganzen übrigen Reich, z.B. auch in Ephesus, wie sich aus Inschriften ergibt.

Gegen Rom als Abfassungsort sprechen aber zwei schwerwiegende Argumente. 1) Paulus schreibt in 2,24, daß er beabsichtige, in Kürze – seine Freilassung vorausgesetzt – nach Philippi zu reisen. Aus Röm.15,28 aber wissen wir, daß er von Rom aus nach Spanien reisen wollte. Man müßte dann also schon annehmen, daß Paulus seinen großangelegten Plan der Spanienmission zugunsten einer erneuten Griechenlandreise aufgegeben oder abgeändert hätte. Dafür gibt es aber sonst nirgends irgendwelche Hinweise. Dasselbe Argument spricht natürlich auch gegen Cäsarea. 2) Der Brief setzt einen so regen Verkehr zwischen Philippi und dem Gefangenschaftsort des Apostels voraus, wie er von Rom aus kaum möglich ist. Nach den Angaben des Briefes hatten die Philipper eine Geldspende durch Epaphroditus überbringen lassen, wahrscheinlich nachdem sie bereits von der Gefangenschaft des Apostels gehört hatten (4,18). Darauf berichtet Paulus nicht nur über den Stand seines Prozesses (1,12ff.), sondern auch, daß Epaphroditus inzwischen schwer krank geworden war (2,25ff.). Von dieser Krankheit hatten die Philipper gehört und sich Sorgen gemacht, wovon wiederum Epaphroditus gehört hatte. Nach seiner Genesung schickt Paulus ihn jetzt zurück und hofft, in Bälde Timotheus schicken und schließlich selbst kommen zu können (2,19ff.). Die Strecke zwischen dem Gefangenschaftsort und Philippi muß also in der Zwischenzeit mehrmals zurückgelegt worden sein. Dazu aber liegt Rom zu weit entfernt. Deshalb nehmen seit längerem immer mehr Forscher an, daß der hier vorausgesetzte Gefangenschaftsort Ephesus war. Nach Ephesus brauchte man von Philippi aus nur einige Tage, nach Rom dagegen mehrere Wochen. Gegen Ephesus scheint freilich zu sprechen, daß die Apostelgeschichte von einer dortigen Gefangenschaft nichts berichtet. Aber die Paulusbriefe berichten uns auch von anderen Geschehnissen, von denen die Apostelgeschichte nichts weiß; die Quellen und Nachrichten, die ihrem Verfasser zur Verfügung standen, waren eben beschränkt. Deshalb kann das Schweigen der Apostelgeschichte nicht gegen Ephesus als Gefangenschaftsort angeführt werden. Dagegen gibt es in anderen Paulusbriefen Hinweise, die die Annahme einer ephesinischen Gefangenschaft unterstützen könnten. Daß Paulus nach 1.Kor.15,32 in Ephesus «mit wilden Tieren gekämpft» habe, dürfte zwar im übertragenen Sinn gemeint sein, weist aber auch dann noch auf eine schwere Bedrohung in Ephesus hin. In 2.Kor.1,8f. schreibt Paulus von einer Todesgefahr in Asien, die so groß gewesen sei, daß er bereits mit seinem Leben abgeschlossen hatte. Beachtet man, daß Ephesus die Provinzhauptstadt von Asien war, so kann sich diese Angabe sehr wohl auf die im Philipperbrief vorausgesetzte Gefangenschaft beziehen. Man vergleiche dazu auch die Aufzählung der Todesgefahren und Gefangenschaften in 2.Kor.11,23ff. Auf dem Hintergrund dieser Andeutungen ist es also schon möglich, daß der Gefangenschaftsort Ephesus war. Da der Ort selbst nicht genannt wird, ist diese Annahme zwar nicht völlig sicher, aber doch wahrscheinlicher als die von Rom oder Cäsarea. War Ephesus der Gefangenschaftsort, dann wird man die Abfassungszeit zwischen 53 und 55 anzusetzen haben – wenn wir es im Philipperbrief wirklich mit einem einzigen Brief zu tun haben, was allerdings fraglich ist.

3. Die Frage nach der literarischen Einheit

Daß der Philipperbrief von Paulus geschrieben wurde, wird heute nicht mehr bestritten. Wohl aber wird seit einigen Jahren immer wieder gefragt, ob wir hier wirklich einen einzigen Brief vorliegen haben, oder ob unser Philipperbrief etwa aus mehreren Paulusbriefen bzw. Brieffragmenten zusammengesetzt sein könnte. Es sind vor allem innere Gründe, Überlegungen des Briefzusammenhangs, die diese Frage aufwerfen. Aber auch schon einige äußere Hinweise können auf das Problem aufmerksam machen.

Der älteste christliche Schriftsteller, der unseren Philipperbrief kennt und bezeugt, ist Polykarp von Smyrna. Er schreibt um 120 in seinem Brief an die Philipper (3,2), daß Paulus ihnen «Briefe» (Plural!) geschrieben habe, durch die sie auferbaut werden können, wenn sie sie lesen. Polykarp wußte demnach von mehreren Briefen, die Paulus nach Philippi geschrieben hatte. Nimmt man diese Nachricht ernst, dann bestehen zwei Möglichkeiten: Entweder gingen die anderen Briefe verloren, und nur unser Brief blieb erhalten, oder verschiedene Briefe des Apostels an die Philipper, von denen Polykarp noch wußte, wurden in unserem Philipperbrief miteinander verbunden. Wie Polykarp haben auch der syrische Catalogus Sinaiticus (um 400) und Georgius Syncellus (um 800) offenbar mehrere Philipperbriefe gekannt.

Entscheidend aber sind innerbriefliche Beobachtungen. Unser Philipperbrief enthält nämlich an mehreren Stellen gravierende Einschnitte oder Brüche, die sich offenbar nicht einfach durch einen Themawechsel oder eine längere Schreibpause erklären lassen. Der auffallendste Bruch findet sich zwischen 3,1 und 3,2. Vor 3,1 findet man ein äußerst herzliches und persönliches Zureden, Mahnungen zum rechten Wandel und zur Freude mitten im Leiden, verbunden mit dem Anteilgeben an der persönlichen Lage des Apostels und seiner Mitarbeiter. Von 3,2 an begegnet dagegen eine scharfe und etwas gereizte Warnung vor Irrlehrern in der Gemeinde. Vor 3,1 deutet nichts darauf hin, daß die Gemeinde durch Irrlehre bedroht ist, obwohl durchaus auf die Gemeindesituation eingegangen und situationsbezogen ermahnt wird. Umgekehrt hören wir in 3,2–4,3 nichts mehr über die Gefangenschaft des Apostels, die doch den vorangehenden Briefteil 1,1–3,1 bestimmt. Dazu kommen noch weitere Brüche. In 4,4–7 und 4,8–9 finden wir zwei formal parallel aufgebaute Schlußmahnungen, also Ausführungen, mit denen Paulus seine Briefe zu schließen pflegt. Beide Schlußmahnungen stehen unverbunden nebeneinander. Gleichfalls unverbunden folgt darauf in 4,10–20 ein in sich geschlossener Abschnitt, in dem Paulus sich für die empfangene Gabe bedankt. Diese Beobachtungen führten zu der Überlegung, ob nicht in unserem Philipperbrief mehrere Schreiben, die Paulus einst nach Philippi richtete, von einem späteren Sammler der paulinischen Korrespondenz miteinander verbunden worden sein möchten. Natürlich haben andere Forscher auch die ursprüngliche Einheit unseres Briefes verteidigt, standen dann aber vor der schwierigen Aufgabe, die genannten Brüche psychologisch durch Diktierpausen oder Gedankensprünge zu erklären. Da solche Erklärungsversuche aber kaum überzeugen, erscheint es doch als wahrscheinlicher, daß verschiedene ursprünglich getrennte Briefe oder Briefteile vereinigt wurden. Man kommt dann etwa zu folgender Korrespondenz:

Brief A: 4,10–20 Dankesbrief unmittelbar nach Empfang der Geldspende aus Philippi;

Brief B: 1,1–3,1+4,4–7 (+4,21–23?) Bericht über die Lage des gefangenen Apostels nach der Gesundung des Epaphroditus;

Brief C: 3,2–4,3+4,8–9 Kampfbrief: Auseinandersetzung mit Irrlehrern.

Die Frage nach der Einheitlichkeit hat natürlich auch Konsequenzen für die nach dem Abfassungsort. Die Angaben, aus denen wir auf den Ort zu schließen suchten, finden sich alle in den Briefen A und B, nicht jedoch in Brief C.

1,1–11 Briefeingang

1,1–2 Absender, Adressaten und Gruß

1 Paulus und Timotheus, Sklaven Christi Jesu, an alle Heiligen in Christus Jesus, die in Philippi sind, samt Bischöfen und Diakonen. 2 Gnade sei mit euch und Friede von Gott unserem Vater und dem Herrn Jesus Christus.

Antiker Briefstil des vorderen Orients pflegt im Briefkopf oder Präskript Absender und Empfänger in einem prädikatlosen Satz miteinander zu verbinden und sodann in einem zweiten Satz den Gruß nachzutragen. Dieser Briefstil erlaubt es Paulus, sowohl Anschrift wie Gruß durch Beifügungen zu erweitern, in denen, wie etwa im Römer- und Galaterbrief, schon etwas vom Thema des folgenden Briefes anklingt. Im Unterschied zu Römer- und Galaterbrief ist aber das Präskript unseres Briefes auffallend kurz. Paulus nennt sich und Timotheus als Absender des Briefes. Timotheus ist einer der engsten Mitarbeiter des Paulus, der auch im Präskript von 2.Kor. 1.und 2.Thess., Kol.und Philem. genannt wird, und der der Gemeinde von ihrer Gründungszeit her bekannt ist (Phil.2,19–23, vgl.auch Apg.16,1ff). Aber die Tatsache, daß er einer der engsten Mitarbeiter des Apostels war, erklärt noch nicht, weshalb er auch im Präskript als Absender genannt wird. Denn nichts deutet darauf hin, daß er auch an der Abfassung des Briefes beteiligt gewesen und der Brief also so etwas wie ein Gemeinschaftswerk der beiden wäre. Wenn es in 2,19 heißt: «Ich hoffe aber auf Jesus, den Herrn, daß ich Timotheus bald zu euch senden kann», dann ist Paulus ganz allein der Verfasser; von einer gemeinsamen Abfassung oder sonstigen Einwirkung des Timotheus ist keine Spur. Timotheus dürfte auch kaum der Schreiber gewesen sein, dem Paulus den Brief diktierte. Paulus pflegte zwar auch sonst seine Briefe zu diktieren und nur einen kurzen eigenhändigen Schluß anzuhängen (1.Kor.16, 21; Gal.6,11; 2.Thess.3,17; Kol.4,18); aber er nahm die Schreiber offenbar nicht ins Präskript auf, wie sich aus Röm.16,22 und den übrigen Präskripten ergibt. Fehlt somit jeder äußere Anlaß, wird die Nennung des Timotheus unter den Absendern des Briefes umso auffallender, und wir werden nach inhaltlichen Gründen zu fragen haben. Paulus will dadurch offenbar zum Ausdruck bringen, daß er diesen Brief nicht als Privatperson schreibt und die im Brief vertretene Sache nicht nur seine eigene ist. Wie Jesus nach Mark.6,7/Luk.10,1 seine Jünger zu zweien ausgesandt hat, so steht auch das Zeugnis dieses Paulusbriefes nicht auf einer Einzelperson. Paulus schreibt nicht als religiöse Persönlichkeit, die andere an ihrer Religiosität teilnehmen lassen, in ihr Fluidum ziehen möchte. Er ist vielmehr Zeuge eines Geschehens, von dem er zu berichten hat, und steht als Zeuge in einem grundsätzlich vielfach besetzten Amt. So weist bereits die Nennung des Absenders über sich selbst hinaus auf die Sache, von der der Brief zu reden hat.

Man wundert sich dann freilich einen Augenblick, daß Paulus sich nicht als Apostel bezeichnet, wie er das im Präskript von Röm.,1.u.2.Kor.und Gal. tut. Doch hängt das wohl mit der Briefsituation zusammen. In Galatien und in Korinth ist sein Apostolat angegriffen; in Rom wirbt der persönlich unbekannte Apostel um Unterstützung für seine Spanienmission. In all diesen Fällen ist es die konkrete Situation, die Paulus sein Apostolat betonen läßt. Nichts dergleichen zeigt der Philipperbrief.

Paulus braucht sich der Gemeinde gegenüber nicht auf seine Autorität als Apostel Jesu Christi zu berufen. Er ist nicht nur bekannt, sondern auch fraglos anerkannt. Statt dessen bezeichnet er sich mit Timotheus zusammen als Sklaven Christi Jesu. Damit stellt er sich nicht nur mit seinem Mitarbeiter auf die gleiche Ebene, sondern weist auch in anderer Weise auf die Autorität und den inneren Grund seines Schreibens hin: was er schreibt, schreibt er als Sklave Christi. Dabei ist die Bezeichnung als Sklave Christi nicht primär von dem allgemeinchristlichen Gedanken her zu verstehen, daß alle Menschen vor dem Glauben Sklaven der Sünde und der Mächte waren (Röm.6,16f.20), aus deren Sklaverei sie durch Christus befreit wurden (Gal.5,1), um nun in der Freiheit des Geistes dem Herrn zu dienen (Röm.12,11; 1.Kor.7,22). Zwar sieht gerade auch Paulus die Lage des Menschen so. Gleichwohl überträgt er den Sklaven-Titel doch nicht auf alle, sondern reserviert ihn für besonders Beauftragte, die als solche völlig in Christi Dienst stehen (Röm.1,1; Gal.1,10; Kol.4,12). Ähnlich werden im Alten Testament Mose, Josua, David, Elia und die Propheten als Sklaven bzw. Knechte Jahwes bezeichnet (1.Kön.8,53; Jos.24,29; 2.Sam.7,5.8; 2.Kön.10,10; 17,23 u.ö.) und in der Johannesoffenbarung heißen die Propheten Sklaven Gottes (Off.10,7 u.ö.). Sklave Christi ist also durchaus ein Ehrentitel wie bei den alttestamentlichen Gottesmännern. Aber an die Stelle, an der im Alten Testament Jahwe stand, ist nun Christus getreten: sie sind Sklaven Christi. Darin ist ihre Erwählung, aber zugleich auch die Unterwerfung unter den Willen ihres Herrn ausgedrückt. Was Paulus und Timotheus sind und sagen, das sind und sagen sie nicht aus eigenem Recht und eigener Vollmacht, sondern als Sklaven ihres Herrn. So weist diese Bezeichnung von ihnen weg auf den Herrn, der hinter ihnen steht. Eben darin gründet auch die Autorität dieses Schreibens, daß Paulus nicht für sich eine eigene Autorität beansprucht, sondern als Sklave seines Herrn schreibt.
Er richtet den Brief «an alle Heiligen in Christus Jesus, die in Philippi sind». Bezeichnet Paulus die Adressaten in anderen Briefen als «Gemeinde Gottes», so hier und in Röm.1,7 als «Heilige». Aber dieser Begriff meint etwas anderes als unsere von der mittelalterlichen Heiligenverehrung geprägte Vorstellung von «Heiligen». Daß damit nicht die aufgrund ihrer Frömmigkeit herausragende religiöse Persönlichkeit gemeint ist, ergibt sich nicht nur daraus, daß Paulus von «Heiligen» durchweg im Plural redet und damit die ganze Gemeinde bezeichnet, sondern vor allem aus der Beifügung «in Christus Jesus». Doch ist zunächst der alttestamentliche Hintergrund dieses Begriffes zu sehen. Heiligkeit ist in Israel zunächst ein kultischer Begriff; heilig ist das von Jahwe zu seinem Dienst Geweihte und aus der Profanität Ausgegrenzte. Israel ist ein «heiliges Volk» (2.Mos.19,6), als das von Jahwe erwählte und zu seinem Dienst bestimmte Volk. Aber wie kann eine empirische Volksgemeinschaft wirklich Gottes heiliges Volk sein? Findet sich nicht auch in diesem Volk immer wieder Abfall und Unglaube? So wird «heilig» zu einem Begriff, der die verheißene Heilszeit charakterisiert. Der «heilige Rest», das von Jahwe erwählte Volk der Endzeit wird wirklich heilig sein (Jes.4,3; 62,12; Ez.37,28). Wahrscheinlich hat bereits die Urgemeinde sich als «die Heiligen» bezeichnet, und damit nicht nur den Würdetitel des alttestamentlichen Gottesvolkes in Anspruch genommen, sondern zugleich damit sich als das von Gott erwählte Volk der Endzeit bezeichnet (vgl.Apg.9,13.32; Heb.13,24; Off.14,12 u.ö.). Paulus hat diesen allgemein-frühchristlichen Sprachgebrauch übernommen, zugleich aber charakteristisch präzisiert: Heilig sind die Christen nicht aus sich selbst, nicht aufgrund ihrer ethischen Qualitäten, sondern «in Christus Jesus». Die Wendung «in Christus» meint dabei kein mystisches Sich-versenken in Christus, sondern bezeichnet das an den Namen Christi

gebundene Heilsgeschehen, durch das sie geheiligt wurden. Wie Gott nach 2.Kor.5,19 «in Christus» die Welt mit sich versöhnte, so sind sie auch «in Christus», d.h. durch seinen Tod und seine Auferstehung geheiligt worden. Als gerechtfertigte Sünder sind sie geheiligt, d.h. von Gott ausgesondert und in seinen Dienst genommen worden.

Am auffallendsten ist, daß Paulus nach der Gemeinde als ganzer nun auch noch «Bischöfe und Diakone» besonders nennt. Was ist mit diesen Titeln gemeint, und warum nennt Paulus diese Leute besonders? Diese Frage ist umso wichtiger, als Phil.1,1 der älteste Beleg für das Auftauchen von Bischöfen und Diakonen in einer christlichen Gemeinde ist. Schon im 2.Jahrhundert aber werden Bischöfe und Diakone zu Trägern klar umrissener Ämter innerhalb einer hierarchisch aufgebauten Kirchenordnung: An der Spitze der Gemeinde steht der Bischof, um ihn der Kranz des Presbyteriums, und beiden deutlich nachgeordnet die Diakone. Der Bischof, durch Ordination in sein Amt eingesetzt, leitet den Kultus und hat Lehr- und Disziplinargewalt, während die Diakone deutlich nachgeordnete Dienste verrichten, gewissermaßen als die Gehilfen des Bischofs und offenbar vor allem für die Armenfürsorge verantwortlich sind. Doch muß man sich davor hüten, Struktur und Charakter dieser späteren kirchlichen Ämter auch schon für die Bischöfe und Diakone von Phil.1,1 vorauszusetzen. Schon dies muß ja auffallen, daß von «Bischöfen» hier in der Mehrzahl geredet wird, von einem monarchischen Episkopat also nicht die Rede sein kann. Da Philippi zum paulinischen Missionsbereich gehört, ist ein sachgemäßes Verständnis nur im Rahmen dessen möglich, was wir aus anderen Paulusbriefen (vor allem Röm.12; 1.Kor.12; 1.Thess.5,12ff.) über die Struktur der Gemeinden und ihre Dienste und Ämter wissen. So sehr auch die Organisation dieser Gemeinden noch im Anfangsstadium steht, lassen sich doch schon bestimmte gemeindliche Dienste oder Ämter erkennen. So werden vor allem Propheten, Lehrer und Vorsteher genannt (1.Kor.12,28), danach aber auch die Gabe des Zungenredens, der Hilfeleistung oder der Heilung u.a. Bezeichnend ist, daß am Anfang nicht das Amt steht, in das einer eingesetzt wird und das er dann auszufüllen hat, sondern bestimmte Funktionen und Aufgaben, die ein Gemeindeglied dann ergreift und ausübt. Darum werden die Christen aufgerufen, auf diejenigen zu achten, die die Arbeit unter ihnen tun, die sie ermahnen und ihnen vorstehen, und sie wegen ihres Tuns in Ehren zu halten (1.Thess.5,13). Autorität verleiht also nicht das Amt, sondern das Tun, der Dienst. Vor allem aber ist zu beachten, daß alle diese Dienste als «Gnadengaben» (Charismen), d.h. als Auswirkungen und Manifestationen der Gnade verstanden sind, die den Glaubenden nicht nur begabt, sonder zugleich in Dienst nimmt. Wie jeder Christ den Geist empfangen hat, so ist auch jeder Christ Charismatiker, der durch sein Tun zum Aufbau der Gemeinde beiträgt (1.Kor.12,7ff.).

In diesem Rahmen sind auch die Bezeichnungen «Bischöfe» und «Diakone» zu verstehen. Nach der gängigen Überzeugung, die sich bis in jüngste Zeit findet, ist mit «Diakon» ein Dienst oder Amt bezeichnet, das sich vor allem der Fürsorge für die Armen und Verwaltungsaufgaben zu widmen hatte. Man meint das einmal aus der späteren kirchlichen Entwicklung, zum anderen aus der Bedeutung des zugehörigen griechischen Verbs «diakonein» entnehmen zu sollen. Doch wird hier wohl zu unkritisch das Verständnis des späteren Diakonenamtes ins Neue Testament zurückgetragen. Zwar trifft es zu, daß das Verb «diakonein» meist ein äußeres Bedienen im Sinne des Aufwartens bei Tisch bezeichnet und also auf ein Dienen in den Bereichen der äußeren, leiblichen Bedürfnisse des Menschen zielt. Aber das Substantiv «Diakon» hat diese Bedeutung nur an wenigen Stellen im Neuen Testament. In der überwiegenden Mehrzahl der Stellen dagegen ist «Diakon» die Bezeichnung für einen Verkündiger, Prediger oder Missionar. So nennen sich die Missionare, gegen die Paulus im 2.Kor. sich wenden muß, «Diakone Christi» (2.Kor.11,23). Paulus bezeichnet seine Verkündigung als «Diakonie des Geistes» (2.Kor.3,8), «Diakonie der Versöhnung» (2.Kor.5,18), sich selbst und Apollos als Diakone (1.Kor.3,5; 2.Kor.6,4), und in Röm. 12,6ff. wird die Diakonie zwischen Prophetie und Lehre genannt und nicht, wie man andernfalls erwarten müßte, zwischen «geben» und «Barmherzigkeit üben». Auch in der hellenistischen Umwelt wird «Diakon» auf Wanderprediger angewandt. Das alles spricht dafür, daß auch in Phil.1,1 Diakon weniger einen Armenpfleger als vielmehr einen Verkündiger bezeichnet.

Unklar ist auch, welche Funktion und Aufgabe der «Bischof» hatte. Das dahinter stehende griechische Wort «episkopos» bezeichnet den Aufseher oder Wart und begegnet als Amtsbezeichnung für Verwaltungsbeamte in Städten und Vereinen. Auch Kultgenossenschaften können einen «Bischof» für ihre äußeren Aufgaben, als eine Art Geschäftsführer oder Verwalter haben. Angesichts des sakralen Klanges, den der Bischofstitel heute hat, ist es bezeichnend, daß die Frühchristenheit hier offenbar einen überwiegend profan gebrauchten Titel aufnahm, um das zu bezeichnen, was in ihrer Mitte zu tun war. Man hat zwar verschiedentlich versucht, ihn aus jüdischen Einrichtungen bei den Essenern oder im Tempelkult, und also auf stärker religiös-sakralem Hintergrund, zu erklären; doch konnte keiner dieser Versuche überzeugen, vor allem, weil der Titel zuerst in dem heidenchristlichen Philippi im fernen Mazedonien auftaucht. Für Inhalt, Funktion und Charakter dieses Amtes sagt das freilich noch nicht viel. Bezeichnet «Bischof» zunächst den Aufseher, so tritt er damit in die Nähe der «Vorsteher» von Röm.12,8 und 1.Thess.5,12 bzw. der «Leiter» von 1.Kor.12,28. Aber was hatten diese «Vorsteher» oder «Aufseher» zu tun? Die paulinischen Gemeinden zeigen sich in organisatorischer Hinsicht noch so unentwickelt, daß ein besonderes Verwaltungsamt nicht vorstellbar ist. Wenn Paulus, wie in Korinth, das Einsammeln der Kollekte bis ins Detail anordnen (1.Kor.16,1f.) und selbst darauf noch hinweisen muß, daß im Gottesdienst mehrere nicht gleichzeitig, sondern nacheinander reden sollen (1.Kor.14,27ff.), dann kann es das besondere Amt eines Versammlungsleiters kaum gegeben haben. Auch das «Vorstehen» muß vielmehr eine geistliche Aufgabe gewesen sein, die durch die Wortverkündigung wahrgenommen wurde. Daher wird das «Vorstehen» in 1.Thess.5,12 mit «ermahnen» gleichgesetzt und umschrieben. Kirchenleitung geschah hier nicht durch juristische oder organisatorische Maßnahmen, sondern durch Verkündigung! Ist aber auch der Bischof in einer nicht näher zu bestimmenden Weise mit der Verkündigung befaßt, wird man den Tätigkeitsbereich der Bischöfe und Diakone nicht mehr grundsätzlich von dem der Propheten und Lehrer trennen können, und man versteht, warum die Didache, eine zu Beginn des 2.Jahrhunderts entstandene Kirchenordnung, die Aufgabe der Bischöfe und Diakone mit der der Propheten und Lehrer gleichsetzt (Did.15,1).

Es sind also die missionarisch aktiven Gemeindeglieder, die Verkündiger und Prediger gemeint. Aber warum werden sie besonders genannt? Man hat gemeint, sie seien besonders mit der Unterstützungsaktion für Paulus befaßt gewesen, oder sie sollten an ihre Hirtenpflicht gemahnt werden, oder sie hätten besonders schwer unter Verfolgung zu leiden gehabt. All das sind Vermutungen, die durch den Text nicht gedeckt werden. Weder im Präskript noch im übrigen Brief gibt Paulus einen Hinweis darauf, weshalb er sie besonders nennt. Nur soviel läßt sich sagen, daß Paulus sie für besonderer Erwähnung wert hält, sich in seinem Brief auch und gerade an sie wen-

den will. Er denkt betont auch an sie, und das doch sicher ihrer Funktion, ihres Dienstes wegen, auf den er wohl aufmerksam machen will, der nicht vergessen werden soll. Ihre Erwähnung hätte dann einen ähnlichen Sinn wie die der Vorsteher in 1.Thess.5,12.
Auf die Zuschrift folgt der Gruß, in allen echten Paulusbriefen – von 1.Thess. abgesehen – gleichlautend und rhythmisch aufgebaut. Doch ist wohl kaum ein Stück aus der Liturgie übernommen, sondern der Segenswunsch in Anlehnung an zeitgenössische Segensformeln selbständig gebildet worden. Gnade und Friede sind das verheißene Heilsgut der Endzeit, das nur von Gott als dem Vater und Christus als dem Herrn kommen kann, und das Paulus mit dem Segenswort der Gemeinde nicht nur wünscht, sondern zuspricht.

1,3–11   Dank und Fürbitte für die Gemeinde

3 Ich danke meinem Gott sooft ich an euch denke[1] – 4 allezeit, in aller meiner Fürbitte für euch alle, bitte ich voll Freude – 5 (ich danke Gott) für eure Teilhabe am Evangelium vom ersten Tag an bis jetzt; 6 und ich vertraue darauf, daß der, der das gute Werk in euch angefangen hat, es auch vollenden wird bis zum Tag Christi Jesu. 7 Es ist ja nur recht, daß ich so von euch allen denke; denn ich trage euch im Herzen und weiß euch alle als Teilhaber der Gnade, die mir durch meine Gefangenschaft und die Verteidigung und Bekräftigung des Evangeliums gewährt ist. 8 Gott ist mein Zeuge, daß ich mich nach euch allen sehne mit der Liebe Christi Jesu. 9 Und darum bete ich, daß eure Liebe immer reicher wird an Einsicht und allem Verständnis, 10 sodaß ihr prüfen könnt, worauf es ankommt, damit ihr rein und ohne Tadel seid am Tag Christi, 11 voller Frucht der Gerechtigkeit, die Jesus Christus wirkt, zur Ehre und zum Lob Gottes.

Wie in den meisten paulinischen Briefen folgt auf den Briefkopf ein Abschnitt, in dem der Apostel seinen Dank gegenüber Gott für den Glaubensstand der Adressaten zum Ausdruck bringt. Dabei folgt er einem Schema, das sich auch außerhalb des Neuen Testamentes in hellenistischen Briefen findet und das über Danksagung und Fürbitte bereits zum eigentlichen Anliegen des Schreibens führt. Charakteristisch für diese Danksagung bei Paulus ist die einleitende Wendung «ich danke meinem Gott» (Röm.1,8; 1.Kor.1,4; 1.Thess.1,2; Philem.4), die Betonung des ständigen Gedenkens (Röm.1,9; 1.Thess.1,2; Philem.4), die Angabe des Grundes zum Danken, der im Glaubensstand der Empfänger liegt (Röm.1,8; 1.Kor.1,4f.; 1.Thess.1,3ff.; Philem.5) und das Anklingen des Briefthemas. Trotz solcher Gemeinsamkeiten unterscheiden sich aber die paulinischen Danksagungen erheblich voneinander, und ihre Unterschiede und Besonderheiten erhalten gerade auf dem Hintergrund der gleichen Struktur besonderes Gewicht. Bei der Danksagung des Philipperbriefes fällt nicht nur ihr Umfang auf, sondern auch die etwas gedrängte und überladene Periode, die es dem Leser nicht leicht macht, die Fülle der ausgesprochenen oder angedeuteten Aussagen zu erfassen und in ihrem Zusammenhang

---

[1] Grammatisch möglich ist auch die Übersetzung: «wegen all eures Gedenkens». Doch spricht gegen diese Übersetzung, a) daß das Gedenken in den Danksagungen immer das des Briefschreibers an die Empfänger meint; b) daß dann zwei Begründungen für den Dank genannt würden, die auf gänzlich verschiedenen Ebenen liegen: das «Gedenken» der Philipper (= ihre Geldsendung) und ihre Teilhabe am Evangelium.

zu ordnen. Die Gedanken sprudeln aus dem Verfasser nur so heraus, überbieten und verdrängen einander, um schließlich doch ein geschlossenes Ganzes zu bilden. Gleichwohl läßt sich der Abschnitt gliedern: a) 1,3–6: Paulus dankt, immer wenn er an die Philipper denkt, für ihren Glaubensstand; b) die darin zum Ausdruck kommende enge Verbundenheit zwischen dem Apostel und der Gemeinde wird in 1,7–8 erläutert und weiter ausgeführt; c) 1,9–11 bringen schließlich den Inhalt der Fürbitte für die Philipper, führen damit zum Gedanken des Gebets in 1,3f zurück und bringen ihn zum Abschluß.

V.3–6. Paulus beginnt den Brief mit der Erwähnung seines Dankes gegenüber Gott. Immer, wenn er an die Philipper denkt, muß er Gott danken für ihre Anteilhabe am Evangelium. Aber ist ihre «Anteilhabe am Evangelium» nicht die selbstverständliche Voraussetzung, unter der allein der Brief geschrieben werden kann, ist sie wirklich so außerordentlich, daß sie zuerst und vor allem genannt werden muß? Man hat daher immer wieder gemeint, aus diesen Worten noch mehr heraushören zu sollen, nämlich eine besonders tätige Mitarbeit der Philipper an der Evangeliumsverkündigung, eine besonders aktive Mitbeteiligung an der paulinischen Mission, die über das Anteilhaben am Evangelium noch hinausgeht. Nun ist es natürlich richtig, daß «Evangelium» bei Paulus nicht nur den Inhalt und Gegenstand der Verkündigung, sondern zugleich auch den Akt des Verkündigungsvollzuges bezeichnet. Und es soll auch nicht bestritten werden, daß die Philipper bei ihrer Anteilhabe am Evangelium nicht nur Konsumentenhaltung zeigten, sondern sich sehr aktiv und tätig für das Evangelium einsetzten. Das wird an anderen Stellen des Briefes noch deutlich und zeigt sich am auffallendsten in der Unterstützungssendung durch Epaphroditus. Nur: an unserer Stelle ist von ihrer besonderen Aktivität nichts gesagt, und die Worte sagen genau dies und nichts anderes: Paulus dankt Gott dafür, daß sie am Evangelium Anteil haben. Nur so erklärt sich auch der Zusatz «vom ersten Tag an bis jetzt», d.h. von dem Tag an, an dem das Evangelium zu ihnen kam und bei ihnen aufgenommen wurde. Gemeint ist dabei doch nicht, daß sie schon vom ersten Tag an missionarisch aktiv waren, sondern daß ihr Glaubensstand ununterbrochen seit damals währt. Gerade so ist diese Aussage bezeichnend. Paulus dankt Gott dafür, daß sie am Evangelium Anteil haben. Das Evangelium ist die große Gnadengabe Gottes an die Welt, «eine Macht Gottes zur Rettung für jeden, der glaubt» (Röm.1,16). Daß die Philipper an dieser Heilsgabe Gottes Anteil haben, ist keine Selbstverständlichkeit, sondern blankes Wunder, für das Paulus nicht aufhören kann zu danken. Daß sie das Evangelium angenommen haben, ist ja nicht ein natürlich-menschlicher Vorgang, so wie Menschen immer wieder Ideologien und Philosophien annehmen oder auch nicht annehmen, Meinungen übernehmen und auch wieder wechseln. Es besagt vielmehr, daß Menschen dieser alten vergehenden Welt hinübergerettet wurden in die neue, kommende Welt. Das Zum-Glauben-Kommen ist kein beliebig vollziehbares menschliches Werk, sondern Gottes Wunderhandeln am Menschen. Es ist nach V.6 Gottes «gutes Werk», nach 2.Kor.4,6 ein Schöpfungshandeln Gottes am Menschen, vergleichbar nur mit Gottes Schöpfungshandeln am Anfang der Zeit, als Gott sprach «es werde Licht» und es ward Licht. Darum ist der Glaubende auch die «neue Schöpfung» (2.Kor.5,17), ein Vorschein und verborgener Abglanz der neuen Welt, die Gott seit Jesu Auferstehung heraufzuführen im Begriff steht. Weil Glauben das heißt: Anteil an Gottes Heilsgabe, Vorschein der neuen, kommenden Welt Gottes, darum kann Paulus nicht genug staunen und Gott dafür danken, daß es das unter uns gibt, konkret und real in der Gemeinde in Philippi.

Daß Paulus mit «Teilhabe am Evangelium» schlicht und einfach den Glaubensstand der Philipper meint, wird durch V.6 bestätigt. Paulus vertraut darauf, daß der, der das gute Werk in ihnen angefangen hat, es auch vollenden wird bis zum Tag Christi Jesu. Er spricht hier von Gottes «gutem Werk», und daß damit der Glaubensstand der Philipper gemeint ist und nicht besondere missionarische Aktivitäten oder Geldspenden, zeigt deutlich die zeitliche Bestimmung «bis zum Tag Christi Jesu». Paulus kann an den Glaubensstand der Philipper nicht denken, ohne Gott zu danken; und er kann Gott nicht danken, ohne zugleich an Gottes Treue zu denken und ihr zu vertrauen. Was wäre der Glaube der Philipper, wenn sie ihn nicht durchhalten würden bis in die Zukunft, bis zum Tag Christi! Das Vertrauen, daß die Philipper ihren Glauben durchhalten werden, hat er aber allein im Blick auf die Treue Gottes, der das, was er angefangen hat, auch vollenden wird. Nicht im Blick auf die Philipper! Gewiß ist es eine lebendige, tüchtige, eifrige Gemeinde, eine Gemeinde, der er vertraut, über die er sich freut, zu der er ein besseres Verhältnis hat als zu anderen. Aber was sind solche Vorzüge gegenüber den Anfechtungen, gegenüber Verfolgungen, Zweifel, Sattheit, Versuchungen und der ganzen Macht des Unglaubens, die über die Gemeinde hereinbrechen können. Wenn Paulus dennoch guten Mutes an die Philipper denken und für ihren Glauben danken kann, dann deshalb, weil Gott treu ist. Das ist der einzige Grund, der für die Zukunft der Kirche hoffen läßt. Gott wird das angefangene Werk vollenden bis zum Tag Christi Jesu. Mit den letzten Worten wird zugleich die zeitliche Dimension angezeigt, in der christliche Existenz sich abspielt: zwischen diesem Anfang des Glaubens und dem Ziel, der Vollendung, zwischen dem Gestern und dem Morgen, zwischen der Berufung und dem kommenden Tag Christi. Christliche Existenz ist also ein Unterwegs-Sein, dem kommenden Tag Jesu Christi entgegen.

Weil der Glaubensstand der Gemeinde ein Wunder, das Wunder der Neuschöpfung mitten in dieser vergehenden Welt ist, darum muß Paulus danken und zwar täglich: «allezeit, in aller meiner Fürbitte für euch alle, bitte ich voll Freude» (V.4). Daraus ist nicht nur zu entnehmen, daß der Apostel für seine Gemeinden immer wieder Fürbitte leistete; es sind offenbar auch feste tägliche Gebetszeiten vorausgesetzt. Und zwar bittet er «voll Freude». Das Thema der Freude, das den ganzen Brief durchzieht (1,18.25; 2,2.17f.28f.; 3,1; 4,4), klingt hier bereits an. Nach allem, was wir über den Grund zum Danken gesehen haben, ist das nicht zu verwundern. Gleichwohl sollte man die Paradoxie beachten, die in der Zusammenordnung von «Bitte» und «Freude» zum Ausdruck kommt. Denn «Bitte» ist ja ein Ausdruck des Nicht-Habens, der Bedürftigkeit, des Angewiesenseins auf andere; und gerade sie geschieht «voll Freude». Das ist «kein weniger hartes Paradox als Luthers desperatio fiducialis (getroste Verzweiflung)»[2].

V.7–8. Die herzliche Beziehung, die zwischen Apostel und Gemeinde besteht und schon in den vorangehenden Sätzen anklang, wird in V.7–8 nun deutlicher zum Ausdruck gebracht. Es ist nur recht und billig, daß Paulus so von den Philippern denkt. Das «so» bezieht sich dabei nicht nur auf V.6, sondern auch auf die anderen Aussagen von V.3–6: auf den Dank und das ständige Gedenken und Bitten für die Philipper, auf ihre Teilhabe am Evangelium und das Vertrauen auf Gottes Treue. Paulus betont, daß er gar nicht anders könne, als so an sie zu denken, weil er sie im Herzen trage. Er greift sogar zur Schwurformel («Gott ist mein Zeuge ...»), um seine Sehnsucht nach ihnen zu unterstreichen. Er sehnt sich nach ihnen «mit der Liebe

---

[2] K. Barth, Erklärung des Philipperbriefes, 2. Aufl. München 1933, S. 7.

Christi Jesu». Bezeichnend ist, daß Paulus seine Sehnsucht von der Liebe Christi bestimmt sieht. Natürlich-menschliche Gefühle und Neigungen und religiöser Glaube fallen für ihn nicht auseinander, liegen nicht auf getrennten Ebenen, sondern sind miteinander verbunden; die natürlich-menschlichen Gefühle sind in den Bereich des Glaubens aufgenommen, durch die Christus-Liebe adoptiert, bejaht und geheiligt. Gleichwohl ist es auffallend, wie stark hier die herzliche Beziehung zwischen Apostel und Gemeinde betont wird. In den Danksagungen anderer Paulusbriefe findet man solche Töne nicht. Man fragt sich deshalb immer wieder, warum Paulus das hier so betont, muß sich freilich vor Spekulationen hüten. Immerhin gibt Paulus in V.7b einige deutliche Hinweise. Er erklärt, daß die Philipper Teilhaber der Gnade seien, die ihm durch seine Gefangenschaft und die Verteidigung und Bekräftigung des Evangeliums gewährt sei. Das ist die erste Stelle, an der Paulus auf seine Gefangenschaft zu sprechen kommt. Das Wort, das wir mit «Gefangenschaft» übersetzten, bezeichnet zunächst die «Fesseln»; doch ist daraus nicht auf eine besonders strenge Form der Haft zu schließen, vielmehr scheint Paulus eine gewisse Bewegungsfreiheit, zumindest starken Kontakt mit der Außenwelt (1,13f.; 2,25) gehabt zu haben. Zugleich mit der Gefangenschaft spricht er von der Verteidigung und Bekräftigung des Evangeliums. Diese Begriffe haben einen gewissen juristischen Klang, lassen an Prozeß und Gerichtsverhandlung denken. Bei seiner Haft und seinem Prozeß geht es nicht nur um seine Person, sondern zugleich auch um das Evangelium, dem diese Vorgänge dienen müssen. Davon wird dann in 1,12–14 weiter gesprochen.

Und nun erklärt Paulus, daß die Philipper Teilhaber der Gnade seien, die ihm durch all das gewährt wird. Zweierlei ist hier zu beachten. 1) Er erklärt seine Gefangenschaft und was mit ihr zusammenhängt als «Gnade». Man sollte erwarten, daß etwa von ihrer Teilhabe an seinem Leiden, seiner Bedrängnis, Not, Last und Beschwernis gesprochen wird. Seine Gefangenschaft ist ja nicht gerade ein Vergnügen oder Erleichterung für ihn; immerhin muß er unter Umständen mit einem Todesurteil rechnen (1,20; 2,17). Aber Paulus erklärt das als Gnade. Das ist eine echt paulinische Paradoxie: was der gefangene Paulus erlebt, ist – Gnade! Doch muß eine solche Aussage verstehbar sein, soll sie nicht bloß als Galgenhumor mißverstanden werden. In 2.Kor.1,9 sagt er von der schweren Gefahr, in die er in Asien geriet: «Das geschah aber, damit wir unser Vertrauen nicht auf uns selbst setzen sollten, sondern auf Gott, der die Toten erweckt». An Stelle der Befreiung von unheilbarer Krankheit wird ihm vom Herrn gesagt: «Meine Gnade reicht aus für dich; denn die Kraft kommt in Schwachheit zur Vollendung», und er zieht daraus die Folgerung, daß er sich am liebsten seiner Schwachheit rühmen möchte, damit die Macht Christi in ihm wohne (2.Kor.12,9). Also gerade in seiner Ohnmacht erfährt er die Macht Christi. Denn die eigene Ohnmacht nötigt ihn, nicht mehr auf sich selbst zu vertrauen, sondern auf seinen Herrn. So führt ihn die Bedrängnis nicht von Christus weg, sondern zu ihm hin. Nur leere Gefäße lassen sich füllen: «Denn wenn ich schwach bin, dann bin ich stark» (2.Kor.12,10). Mit dieser vom Glaubensverständnis her begriffenen Erfahrung verbindet sich nun noch ein christologischer Gedanke: Christus ist auch als der Auferstandene noch der Gekreuzigte, und Anteil an Christus gibt es für den Glaubenden nur so, daß er am Gekreuzigten und also am Leiden Christi Anteil hat. Mit den Verfolgungen und Bedrängnissen, die über ihn kommen, trägt Paulus daher «das Sterben Christi» an seinem Leibe (2.Kor.4,10), es sind «Leiden Christi», die auf ihn überströmen (2.Kor.1,5). Er hat Anteil an den Leiden Christi bekommen und ist «von seinem Tod geprägt» (Phil.3,10). Damit tritt aber das Leiden des Apostels in ein völlig neues Licht: es ist nun Christus-Leiden und bestätigt als solches seine Zugehörigkeit zu Christus und also seinen Heilsstand. Eben deshalb kann das Leiden jetzt als Gnade verstanden werden. Das Ungeheure dieser Aussage wird aber erst wirklich deutlich, wenn man sie mit den Erwartungen der alttestamentlichen Weisheit vergleicht. Man vergleiche etwa die vielfältigen Aussagen über das Ergehen des Gerechten in der Spruchweisheit (vgl.Spr.4,18; Sirach 4,11ff.; Ps.1,3; 34,13 u.ö.). Überall ist die Grunderwartung, daß der Weg des Frommen besser, geebneter ist als der des Gottlosen. Zwar wissen auch das Alte Testament und das Judentum um das Leid. Aber das Leiden des Frommen wird nun zum Problem; denn Unglück ist Strafe Gottes. So kommt es zur Hiob-Frage: Wie ist es möglich, daß der Fromme leiden muß? Oder ist Hiob so fromm gar nicht, so daß er zu Recht leiden muß – wie seine Freunde meinen –? Diese ganze schwere Theodizeefrage, die am Leiden aufbricht, kennt das Neue Testament so nicht. Nicht, als ob es von dieser menschlichen Grundfrage nach dem Leiden des Frommen überhaupt nichts wüßte – von Jüngern und Juden wird sie zuweilen gestellt (Joh.9,2; Luk.13,1ff.) – aber sie ist für die christliche Gemeinde total überholt. Denn nun ist dies geschehen, daß der heilige Gott Israels sich in einem Gekreuzigten offenbart und in dessen ohnmächtigen Tod am Kreuz seine Gnade manifestiert hat. Seit Gott selbst ins Leiden gekommen ist – bis zum Tod am Kreuz – kann unser Leiden nicht mehr von Gott trennen und das Leben nicht mehr sinnlos machen. Gott selbst ist ein Leidender geworden! Und seit es Heil nur noch in der Gemeinschaft und Nachfolge Christi gibt, kann das Leiden nur noch zum Feld der Bewährung des Glaubens und damit zum Ort des Lebens werden: Gnade. Nicht, daß das Leiden nicht mehr da wäre; aber es ist umgriffen vom Sieg der Gnade.

2) Paulus schreibt, daß die Philipper Teilhaber dieser Gnade seien, die sich in seiner Gefangenschaft und Verteidigung des Evangeliums auswirkt. Inwiefern sind sie hier Teilhaber? Denkt Paulus an ihre Fürbitte, oder an ihre Unterstützung des Apostels durch die Geldsendung und den Dienst des Epaphroditus? Oder ist an Schicksalsgemeinschaft in der Verfolgung zu denken, daß es also den Philippern ähnlich wie dem Apostel ergeht? Nun ist in der Tat aus 1,28ff. zu entnehmen, daß die Philipper unter einer Art von Verfolgung zu leiden haben. Die Aussagen sind freilich so unbestimmt, daß es nicht möglich ist, sich ein genaues Bild von Art und Ausmaß der Verfolgung zu machen. Andererseits ist zu beachten, daß Paulus von der Teilhabe der Philipper nicht nur im Blick auf seine Gefangenschaft spricht, sondern auch im Blick auf die Verteidigung und Bekräftigung des Evangeliums. Daß die Philipper eine missionarisch rege Gemeinde sind, wird hier ganz deutlich.

Aber warum schreibt Paulus das? Der Bericht über seine Gefangenschaft, über sein Ergehen und über das der Evangeliumsverkündigung macht von 1,12 an einen beträchtlichen Teil des Briefes aus. In dem Bericht über das Ergehen des Apostels ist aber sein herzliches Verhältnis zur Gemeinde bereits mitgesetzt. Insofern klingt also das Thema des Briefes bereits in der Danksagung an, und die Danksagung leitet zum Thema des Briefes über.

V.9–11 bringt den Inhalt der Fürbitte des Apostels für seine Gemeinde und kehrt damit zu dem bereits in V.4 angesprochenen Thema des Gebets zurück. Ebenso ist auch die Danksagung in Philem.6; Kol.1,9 und Eph.1,17 mit der Fürbitte für die Empfänger verbunden. Paulus bittet, daß ihre Liebe immer reicher werden möchte. Das Verb, das wir mit «reicher werden» übersetzten, bedeutet eigentlich «überschießen», «überströmen», «im Überfluß vorhanden sein», daher dann «übergroß sein», «überreich sein». Paulus bittet nicht um etwas, was sie noch nicht hätten. Sie haben Liebe. Aber er bittet, daß ihre Liebe überströme, noch reicher werde. Hier zeigt sich, daß es christliche Existenz nur in ständiger Bewegung gibt. Christliche Existenz ist nicht ein statisches «Sich-befinden-in» oder «Haben» von etwas. Man glaubt nur, indem man ständig den Glauben ergreift, liebt nur, indem man ständig unterwegs ist nach der Liebe, wächst in der Liebe, reicher wird an Liebe. Denn die Entscheidung des Glaubens kann nur so festgehalten werden, daß sie stets neu vollzogen wird. Darum spricht Paulus häufig von solchem «überströmen» oder «reicher werden», und zwar in verschiedener Hinsicht. Er spricht davon im Blick auf die Hoffnung (Röm.15,13), die Liebe (1.Thess.3,12), den Glauben und die Erkenntnis (2.Kor.8,7; 9,8) und kann dazu auch ermahnen. Charakteristisch ist 1.Thess.4,1: «Im übrigen, Brüder, bitten und ermahnen wir euch im Herrn Jesus: ihr habt von uns empfangen, wie ihr euren Wandel führen und Gott gefallen sollt – und ihr wandelt ja auch so –, daß ihr darin noch reicher werdet». Christliche Existenz gibt es nur in dieser Bewegung, im ständigen Greifen nach einer besseren Verwirklichung. Wir pflegen dabei meist vom «Wachstum» des Christen, seines Glaubens, seiner Liebe usw. zu sprechen. Auch Paulus kann diesen Begriff des «Wachsens» benutzen (2.Kor.9,10; 10,15), bevorzugt aber offenbar den oben genannten, den wir mit «überströmen» oder «reicher werden» zu übersetzen versuchten.

Das Reicherwerden der Liebe muß sich auswirken auf ihre Einsicht und ihr Verständnis. Liebe kann ja nicht bloß ein inneres Gefühl oder Willensentschluß bleiben, sondern muß sich in konkreten äußeren Taten und Verhaltensweisen auswirken. Eben dazu aber bedarf es der Einsicht und des Verständnisses, damit der Liebeswille nicht ins Leere stößt, oder wegen mangelndem Takt, Feingefühl, Verständnis und Einsicht wohl gar das Gegenteil bewirkt. Denn was Liebe im jeweils konkreten einzelnen Fall heißt und erfordert, ist immer auch eine Frage der Einsicht und des Verständnisses. Darum sollen sie prüfen können, worauf es ankommt (V.10). Sie sollen sich ja bei ihrer Liebe nicht einfach treiben lassen, sei es von ihrem Gefühl, das auch irregeleitet sein kann, sei es von den Parolen des common sense, der öffentlichen Meinung mit ihren Tendenzen, Sympathien und Antipathien. Sie sollen vielmehr das Vermögen bekommen, selbst zu unterscheiden, worauf es ankommt: «... daß uns werde klein das Kleine und das Große groß erscheine».

Darum ruft Paulus wiederholt zum Prüfen und Erkennen auf: «Prüfet alles, das Gute behaltet!» (1.Thess.5,21) Denn die im Glauben empfangene Erneuerung des Denkens soll dazu führen, «daß ihr prüfen könnt, was der Wille Gottes ist, was ihm gefällt, was gut und vollkommen ist» (Röm.12,2). Ähnlich in Philem.6; Kol.1,9; Eph.5,10.17; und unter den Gnadengaben (Charismen) wird die Gabe der Unterscheidung der Geister besonders genannt (1.Kor.12,10; vgl.14,29). Hier wird nicht nur dem Urteilsvermögen der Christen etliches zugemutet, es liegt hier auch einer der Kernpunkte neutestamentlicher Ethik. Denn das Neue Testament kennt keine gesetzliche Kasuistik, die mir von außen vorschreibt, was ich je und dann in den bestimmten Situationen zu tun habe, sondern ruft mich in die eigene verantwortliche Entscheidung, zu prüfen, was der Wille Gottes ist. Was Gottes Wille von mir in der je konkreten Situation verlangt, läßt sich gerade nicht im vorhinein kasuistisch festlegen. Der fromme Mensch hat das zwar oft versucht und die 613 Gebote und Verbote des Alten Testamentes im antiken Judentum mit unzähligen Zaunlatten umgeben, um ihre Grenzen genau abzustecken. Aber es zeigte sich immer wieder, daß der Mensch dann doch versucht, sich zwischen den Zaunlatten hindurchzudrücken, oder aber in der konkreten Situation ratlos dasteht, weil das Gebot ihm nicht sagt, was er genau jetzt in dieser Situation zu tun hat. Dem Christen aber ist keine lange Liste von Gesetzesparagraphen gegeben, die ihm genau vorschreiben, was er zu tun hat. Der Glaubende ist vielmehr durch Gottes Liebeshandeln in die Liebe selbst hineingestellt und soll nun aus dieser Liebe heraus jeweils prüfen und entscheiden, was in der konkreten Situation zu tun ist, was Gottes Wille von ihm verlangt. Das schließt nicht aus, daß ihm im Neuen Testament auch eine ganze Reihe von Einzelweisungen gegeben werden. Aber diese Einzelweisungen sind keine kasuistischen Gesetze, sie ersparen ihm die eigene Entscheidung nicht, sondern wollen Hilfen, Weisungen auf dem Weg des Prüfens sein. Sie wollen Hilfen geben, um zu erkennen, was Liebe konkret heißt. Sie sind Exemplifikation der Liebe; aber eben der Liebe, denn alle Gebote haben ihren Kern und ihre Mitte in der Liebe (Röm.13,9). Darum wird von dem Christen nichts anderes erwartet als Liebe, und daß er aus dieser Liebe heraus prüft, worauf es ankommt, was Gottes Wille ist. Daher erklärt sich auch die erstaunliche Freiheit des Neuen Testamentes, ethische Normen aus der Umwelt, und zwar nicht nur aus der jüdischen Umwelt, sondern auch aus der heidnischen etwa aus der Stoa, aufzunehmen, wie sich etwa bei den Tugend- und Lasterkatalogen und den sogen. Haustafeln zeigt. Denn es gilt ja: «Prüfet alles, das Gute behaltet!» (1.Thess.5,21). Darum auch das ständige Appellieren des Apostels an die eigene Einsicht der Leser: «Beurteilt doch selbst, was ich sage ...» (1.Kor.10,15; 11,13; 8,1ff.; 9,1ff. 1.Thess.5,12). Hier wird gerade nicht dekretiert, sondern aus der Liebe Christi heraus an die eigene Einsicht, die Einsicht der Liebe appelliert und zur Prüfung aufgerufen. Die Freiheit des Evangeliums ist auch die Freiheit der eigenen Verantwortung in der Nachfolge.

Paulus bittet für die Philipper, daß ihre Liebe immer reicher werden möchte, und nennt als Ziel dieses Prozesses: «daß ihr prüfen könnt, worauf es ankommt». In **V.10b–11** folgt darauf eine weitere Zielangabe: «damit ihr rein und ohne Tadel seid am Tag Christi, voller Frucht der Gerechtigkeit ...». Spricht der erste Satz (V.9–10a) von dem, was die Leser zur Bewährung christlicher Existenz in dieser Zeit brauchen, so richtet V.10b–11 diese Gegenwart auf die Zukunft, auf den Tag Christi aus. Wie schon in V.6 wird der Blick des Christen auf die Zukunft gelenkt. Denn der Glaubende hat die Rechtfertigung und Heiligung nicht als einen verfügbaren Besitz, auf dem er sich ausruhen, den er verschleudern könnte. Weil der Glaube nicht zu einem Verfügen über Gottes Gnade werden darf, weil sonst der Glaube nicht mehr Glaube und die Gnade nicht mehr Gnade wäre, darum wird der Glaubende immer wieder auf das kommende Gericht hingewiesen, vor dem er offenbar werden muß (Röm.14,10; 1.Kor.3,13; 2.Kor.5,10). Denn wir sind wohl gerettet, aber auf Hoffnung hin (Röm.8,24); wir sind wohl gerechtfertigt, aber die endgültige Ratifizierung und Offenbarung dieses Urteils steht noch aus. So soll es sich am Tag Christi zeigen, daß die Gerechtfertigten auch als Gerechtfertigte gelebt haben, also rein und ohne Tadel sind, voller Frucht der Gerechtigkeit. In dem Begriff «Frucht» kommt dabei zum Ausdruck, daß das, was der Christ tut, nicht als Leistung verstanden werden darf, nicht als «Werke», durch die er sich das Leben verdienen möchte. Wie vielmehr ein guter Baum von selbst gute Früchte bringt (Mat.7,18; 12,33; vgl.auch 13,8.23; Gal.5,22; Eph.5,9), so entspringt auch der neue Wandel der Glaubenden aus dem neuen Sein, das sie empfangen haben: Wer Liebe empfangen hat, der fängt an zu lieben. Das neue Verhalten, das nach V.11 in Gerechtigkeit besteht, ist eine Frucht der empfangenen Gabe. Und damit jedes Mißverständnis ausgeschlossen und es wirklich klar ist, daß diese Frucht der Gerechtigkeit keine menschliche Leistung, kein Werk ist, das wir nun doch erbringen und aufweisen müßten, fügt Paulus hinzu, daß Jesus Christus diese Frucht wirkt. So bleibt es ganz beim

Glauben, bleibt es ganz dabei, daß der Leser auf Christus blickt und so durch das Erkennen der Liebe Christi immer reicher wird in der Liebe.
Ein letztes Ziel wird genannt: «zur Ehre und zum Lob Gottes». Alles Tun und Leben der Christen (Röm.15,7; 1.Kor.10,31; 2.Kor.4,15), ja alle Menschheitsgeschichte überhaupt soll einmal in dieses Ziel einmünden (Phil.2,11): zu Gottes Ehre. Doch wird das nirgends als eine Fremdbestimmung des Menschen empfunden, sondern im Gegenteil immer mit einem gewissen jubelnden und triumphierenden Ton ausgesprochen; denn der Gott, zu dessen Ehre und Lob alles geschehen soll, ist ja der, der in Christus seinen Heilswillen für den Menschen offenbart hat. Gottes Lob und Ehre ist daher das, was des Menschen ureigenstes Ziel und Interesse sein muß: hier kommt der Mensch zu sich selbst. Man versteht von da aus, daß schon im Alten Testament Gebete häufig mit einem Lobpreis enden (Ps.21,14; 35,28; 66,20 u.ö.).

1,12–26   Bericht des Apostels über seine Lage

1,12–14   Die Lage des Apostels und der Evangeliumsverkündigung

12 Ihr sollt wissen, Brüder, daß meine Lage eher zum Fortschritt des Evangeliums geführt hat. 13 Denn im ganzen Prätorium und bei allen übrigen wurde bekannt, daß ich um Christi willen im Gefängnis bin[3], 14 und die Mehrzahl der Brüder – im Herrn meinen Fesseln trauend – wagt immer mehr, furchtlos das Wort zu verkünden.

Nach Präskript und Danksagung beginnt in V.12 der Hauptteil des Briefes mit einem Bericht des Apostels über seine Lage. Es folgen darauf in 1,27–2,18 Ermahnungen zum rechten Wandel und schließlich in 2,19–30 Mitteilungen über seine Pläne für die nächste Zeit mit Empfehlung seiner Mitarbeiter. Das entspricht ganz dem Aufbau anderer Briefe des Apostels Paulus oder seiner Schüler, in denen auf das Hauptthema häufig Ermahnungen zum rechten Wandel folgen (vgl.Röm.12–14 nach Röm.1–11; Gal.5–6 nach Gal.1–4; Kol.3–4 nach 1–2; Eph.4–6 nach 1–3), und zum Schluß Reisepläne und persönliche Empfehlungen gebracht werden (Röm.15,22ff.; 1.Kor.16,5ff.; Philem.22). Die Kapitel 1–2 enthalten demnach alles, was nach gängigem Schema bei Paulus zu einem vollständigen Brief gehört. Das spricht stark für die oben genannte Annahme, daß Phil.1–2 (zuzüglich einiger Schlußmahnungen und Grüße in Kap.4) ursprünglich einen selbständigen Brief bildete, von dem das 3.Kapitel zunächst zu trennen ist. Dann ist aber 1,12–26 der eigentliche Hauptteil des Briefes, der dasjenige Thema bringt, um deswillen der Brief zunächst geschrieben wurde.
Paulus beginnt damit, die Leser über seine Lage, über den Stand seiner Angelegenheiten zu unterrichten. Dabei fällt sofort auf, daß Paulus gerade da, wo er von sich und seiner Lage spricht, primär vom Evangelium spricht. Nicht wie es ihm geht, seine Gefängniszelle, sein Gesundheitszustand, seine Prozeßaussichten stehen ihm im Vordergrund, sondern der Fortgang des Evangeliums. Von dem menschlichen Drum und Dran mag Epaphroditus erzählen, wenn er den Brief überbringt; Paulus aber muß davon sprechen, wie es mit dem Evangelium steht. Man hat mit Recht hier von seiner «apostolischen Sachlichkeit» gesprochen. Er wäre nicht der Apostel, der

---

[3] Wörtlich: «... wurden meine Fesseln in Christus bekannt ...»

«Sklave Christi» (V.1), dessen Lebensinhalt ganz durch diesen Dienst bestimmt ist, zu dem Gott ihn vom Mutterleib an ausgesondert hat (Gal.1,15), wenn er sein subjektives Ergehen vom Gang des Evangeliums abstrahieren könnte. Was die Frage nach seinem Ergehen betrifft, so antwortet er, daß seine Lage «eher zum Fortschritt des Evangeliums geführt hat». Dabei drückt der Satz zugleich etwas Unerwartetes aus: Man sollte erwarten, daß die Evangeliumsverkündigung durch die Verhaftung des Paulus gehemmt wurde. Aber statt Schaden zu leiden, macht das Evangelium «eher» Fortschritte.

Doch, wie soll man das verstehen? Inwiefern hat seine Lage zur Förderung des Evangeliums geführt? Läßt sich seinen Aussagen etwas über den Stand oder Verlauf seines Prozesses entnehmen? Paulus erläutert seine Aussage in den beiden folgenden Versen, und zwar sind es genau genommen zwei Geschehnisse, die es erlauben, von einem Fortschritt des Evangeliums zu sprechen.

V.13. Die Förderung des Evangeliums geschah in der Weise, daß seine Fesseln «in Christus bekannt wurden». Man hat verschiedentlich betont, daß im griechischen Text die Wendung «in Christus» nicht mit «Fesseln», sondern mit «bekannt wurden» verbunden ist. Doch dürfte hier wohl eine verkürzte Ausdrucksweise dafür vorliegen, daß seine Fesseln «als Fesseln in Christus bekannt wurden». «In Christus» ist eine bei Paulus immer wieder begegnende Formel, die eine Sache, Person oder Vorgang als durch das Heilsgeschehen von Christi Tod und Auferstehung bestimmt erklärt. Es ist hier also eine Umstandsbestimmung, die das Bekanntwerden seiner Gefangenschaft als durch das Christusgeschehen bestimmt erklärt. Das kann nach Lage der Dinge nichts anderes bedeuten, als daß bekannt wurde, daß er um Christi willen im Gefängnis liegt – nicht etwa wegen anderer Umtriebe oder Vergehen. Daß er um Christi willen im Gefängnis ist, wurde «im ganzen Prätorium und bei allen übrigen» bekannt. Welches Gebäude mit dem Prätorium gemeint ist, hängt davon ab, ob der Brief von Rom oder von Ephesus aus geschrieben wurde. Nimmt man Rom an, dann kann die Prätorianerkaserne gemeint sein, wie vor allem ältere Ausleger meinten. Aber «Prätorium» bezeichnet in kaiserlicher Zeit allgemein die Residenz eines Statthalters und wird auch in den Evangelien in diesem Sinne verstanden (Mat.27,27; Joh.18,28 u.ö.). Wurde der Brief von Ephesus aus geschrieben, was wahrscheinlicher ist, dann ist die Residenz des Statthalters gemeint, in der auch die Gerichtsverhandlungen stattfanden. Mit «allen übrigen», denen seine Sache bekannt wurde, ist wohl sicher nicht die ganze Stadt gemeint. Ist das Prätorium der Ort der Gerichtsverhandlung, dann dürften damit zunächst die amtlich mit seinem Fall Befaßten gemeint sein, denen nun mit «allen übrigen» diejenigen gegenübergestellt werden, die damit nicht amtlich befaßt sind und, sei es als Zuhörer, Mitgefangene oder auf andere Weise, mit ihm in Berührung kamen.

Was läßt sich aus diesen Aussagen über den Stand seines Prozesses entnehmen? Man hat gemeint, Paulus sei in Gefahr gewesen, totgeschwiegen zu werden. Diese Gefahr sei jetzt durch die Aufnahme des Prozesses und seinen Auftritt vor Gericht überwunden worden. Es hätten wohl mehrere öffentliche Verhandlungen stattgefunden, bei denen er seine Sache und die des Evangeliums vertreten konnte, möglicherweise seien dabei auch einzelne Leute zum Glauben gekommen. Nun ist natürlich bei dem Bekanntwerden dessen, daß er um Christi willen gefangen ist, primär an die öffentliche Gerichtsverhandlung zu denken. Doch darf man es wohl nicht darauf einschränken. Paulus hat, wie der Brief zeigt, offenbar ausreichende Kommunikationsmöglichkeiten, so daß er wohl auch außerhalb der Gerichtsverhandlungen seine Sache da und dort vertreten konnte – er spricht ja auch von «allen übrigen», denen es bekannt wurde. Daß es dabei zu Bekehrungen kam, ist natürlich möglich (vgl.Philem.10!), aber nicht gesagt. Daß dagegen die Gefahr der Verschleppung seines Prozesses bestanden hätte, kann man aus diesen Sätzen nicht heraushören. Diese Hilfskonstruktion ist auch gar nicht nötig. Denn letztlich kommt es nur darauf an, daß offenbar wird, daß er um Christi willen leidet. Gewiß nicht nur in dem negativen Sinne der Abweisung falscher Anklagen, wie es die älteren Ausleger vor allem betonen, – obwohl auch das dazugehört – sondern im positiven Sinne der Bezeugung des Evangeliums, für das Paulus auch zu leiden bereit ist, wie sein Herr auch für ihn gelitten hat. Wird dies bekannt, so wird die Evangeliumsverkündigung dadurch gefördert, und der Herr, der des Apostels Gefangenschaft bestimmt, wirkt auch in seiner Gefangenschaft.

V.14. Inwiefern seine Gefangenschaft zur Förderung des Evangeliums führte, wird in V.14 noch durch eine zweite Aussage erläutert: «die Mehrzahl der Brüder – im Herrn meinen Fesseln trauend – wagt immer mehr, furchtlos das Wort zu verkünden». Die Mehrzahl der Christen am Gefangenschaftsort des Apostels wagt immer mehr, furchtlos für das Evangelium einzustehen und davon zu reden. Durch die Einschaltung «im Herrn meinen Fesseln trauend» wird das weiter erläutert. Dieser Zwischensatz kann nur eine sehr gedrängte und abgekürzte Redeweise sein für das, was 13 mit dem Bekanntwerden seiner Fesseln meint. Sie vertrauen also darauf, daß Paulus seine Fesseln «in Christus» trägt, also um Christi willen und durch Christus, der auch in seiner Gefangenschaft am Werk ist. Ihr Vertrauen zur Gefangenschaft des Paulus ist nun aber durch das «im Herrn» bestimmt und wird dadurch eigenartig eingeschränkt, will sagen: es gründet sich nicht auf die Person des Paulus, nicht auf seinen Heroismus, seine menschliche Tapferkeit, sondern ist durch das Vertrauen auf den Herrn bestimmt. Um des Herrn willen, dessen Macht sich gerade in der Ohnmacht seiner Zeugen offenbart, vertrauen sie darauf, daß sich gerade auch in der Gefangenschaft des Apostels der Gekreuzigte offenbart. Ihr furchtloses Verkündigen des Wortes ist davon bestimmt. Es ist also nicht etwa so zu verstehen, daß die günstige Prozeßwendung gezeigt hätte, daß christliche Verkündiger in Zukunft nicht mehr zu befürchten brauchten, als Unruhestifter verfolgt zu werden, und die Christen also aufgrund dieser günstigen Prozeßwendung mutiger geworden wären. Vielmehr erkennt die Mehrzahl der Brüder das Leiden des Apostels als Christus-Leiden, als Anteilhaben am Kreuz Jesu Christi, und wird dadurch im Glauben gestärkt und zu furchtloser Verkündigung getrieben.

1,15–18b   Mißhelligkeiten unter den Christen seiner Umgebung

15 Einige verkündigen Christus zwar aus Neid und Streitsucht, andere aber in guter Absicht. 16 Die einen predigen Christus aus Liebe, im Wissen, daß ich zur Verteidigung des Evangeliums bestimmt bin, 17 die anderen aus selbstsüchtiger, nicht redlicher Gesinnung, in der Meinung, mir gefangenem Mann[4] damit Kummer bereiten zu können. 18 Was macht das schon! Jedenfalls wird so oder so, in unlauterer oder in lauterer Absicht, Christus gepredigt, und darüber freue ich mich.

Die Erwähnung der furchtlosen Evangeliumsverkündigung, die seine Gefangenschaft bei der Mehrzahl der Brüder bewirkt hat, führt Paulus zu einem neuen Ge-

---

[4] Wörtlich: «... meinen Fesseln ...»

danken; er muß daran denken, daß es bei der Christusverkündigung in seiner Umgebung durchaus unterschiedliche Motive gibt: «Einige verkündigen Christus zwar aus Neid und Streitsucht ...» Man wird Vers 15 nicht zu eng mit dem vorangehenden Vers 14 verbinden dürfen. Die «Einige» wird man nicht zu der zuvor genannten «Mehrzahl der Brüder» rechnen dürfen, die ja gerade durch das rechte Verständnis der paulinischen Gefangenschaft bestärkt worden war. Es liegt vielmehr eine lose Gedankenassoziation vor: Bei der Erwähnung der Evangeliumsverkündigung muß er auch daran denken, daß es dabei durchaus unterschiedliche Motive gibt. Freilich nicht: in der Mission überhaupt, sondern: in der unmittelbaren Umgebung seines Gefangenschaftsortes.
Wer ist mit diesen Leuten gemeint? Was steckt hinter diesen Andeutungen? Ein einigermaßen deutliches Erfassen dieser Vorgänge ist vor allem dadurch erschwert, daß die Ausdrücke, die Paulus zu ihrer Kennzeichnung benutzt, so allgemein sind. Neid, Streitsucht, Liebe, selbstsüchtige oder redliche Gesinnung sind Begriffe, die in den Tugend- und Lasterkatalogen allgemein ein moralisches oder unmoralisches Verhalten bezeichnen und also eine beträchtliche Bedeutungsbreite haben. Was soll man sich darunter vorstellen, daß einige Christus aus Neid und Streitsucht, aus selbstsüchtiger Gesinnung predigen? Daß jemand aus purer Niedertracht und Neid, nur um Paulus zu ärgern, anfängt, Christus zu verkündigen, ist doch kaum vorstellbar. Denkbar ist, daß Christen oder christliche Missionare bei ihrer missionarischen Tätigkeit von einer gewissen Animosität, einer Rivalität oder auch Feindschaft gegen Paulus bestimmt waren. Aber diese sind dann nicht der Grund, sondern kennzeichnen die Modalität ihrer Christusverkündigung. Paulus überspitzt also, wie überhaupt die Klage über die schlechtgesinnten Prediger mehr Raum einnimmt als das Lob der guten. Aber auch unter dieser Einschränkung, daß Selbstsucht und Neid nicht der Grund, sondern nur die begleitenden Umstände ihrer Mission sind, bleibt die Frage, was mit diesen Leuten los ist, was der wirkliche Grund der Mißhelligkeiten ist. Auch die Auskunft, daß sie die Gefangenschaft dazu ausnutzten, um ihren Ruhm zu mehren und dem Apostel den Erfolg zu stehlen, befriedigt nicht. Denn sie kann die beiden Gruppen nicht erklären, die Paulus hier einander gegenüberstellt. Ihm den Erfolg stehlen, das würden mit ihrer Mission ja schließlich auch seine Freunde.
Über den eigentlichen Hintergrund dieser Differenzen läßt sich aber einiges aus der Bemerkung erkennen, daß die einen meinen, ihm in seiner Gefangenschaft Kummer bereiten zu können, während die anderen wissen, daß Paulus zur Verteidigung des Evangeliums bestimmt ist, was sich dem Zusammenhang nach gleichfalls auf seine Gefangenschaft beziehen muß (V.17b und 16b). Danach dürfte die Gefangenschaft des Apostels der Punkt sein, über den es zu Differenzen gekommen ist, und die einen scheinen sich von dem gefangenen Apostel distanziert zu haben, während die anderen zu ihm hielten. «Sie wollten die wahre Bedeutung seiner Fesseln nicht anerkennen. Wer dem Apostel aber die Gnadenhaftigkeit seiner Gefangenschaft bestreitet, der nimmt ihr den Sinn und macht sie zu einer menschlich unerträglichen Sache», urteilt mit Recht J.Gnilka[5]. Doch ist damit noch nicht der Grund, sondern nur eine Folge der Spannungen genannt, die schon vorher bestanden haben müssen. Warum wollen sie das denn nicht? Nur aus persönlicher Antipathie? Das ist doch nicht gerade wahrscheinlich. Wo sich vielmehr im Neuen Testament und darüber hinaus in der Kirchengeschichte persönliche Differenzen und Streitigkeiten zeigen,

---

[5] J.Gnilka, Der Philipperbrief, Freiburg 1968, S.62.

sind diese so gut wie immer auch mit sachlichen Differenzen verbunden. Man hat zwar immer wieder betont, daß es sich bei diesen Leuten nicht um Irrlehrer gehandelt haben könne, weil Paulus dann ganz anders reagiert haben würde. Aber das ist nur zum Teil richtig; denn es setzt voraus, daß es zur Irrlehre nur die eine Alternative der Paulusschülerschaft oder -freundschaft geben könne. Tatsächlich aber gibt es zwischen Paulusschülerschaft einerseits und Irrlehre andererseits ein weites Zwischenfeld von verschiedenen Ausprägungen christlicher Verkündigung und christlichen Glaubens, Ausprägungen, die recht variabel sind und sich mehr nach der einen oder anderen Seite entwickeln können. Es ist schwer vorstellbar, daß die Animosität dieser Missionare gegen Paulus sich nicht auch auf dem Boden einer anderen theologischen Herkunft und Ausrichtung erhoben haben sollte. Daß es recht vielfältige Richtungen unter den frühchristlichen Missionaren und den von ihnen bestimmten Gemeinden gegeben haben muß, hat sich der Forschung in den letzten Jahrzehnten deutlich gezeigt. Zwar ist es recht unwahrscheinlich, daß diese Leute Judaisten waren, wie sie im Galaterbrief bekämpft werden. Nach allem, was Paulus in der Auseinandersetzung mit Judaisten vor und nach dem Apostelkonvent (Apg.15 u.Gal.2,1ff.) erfahren hat, dürfte er in diesem Fall doch ganz anders und entschieden grundsätzlicher reagiert haben. Aber es gibt ja noch andere Gruppen. Im 1.Korintherbrief erfahren wir von gnostisierenden Strömungen in der dortigen Gemeinde und hören von Gruppen, die sich nach Paulus, Kephas oder Apollos nannten (1.Kor.1,12). Im 2.Korintherbrief muß Paulus sich gegen christliche Missionare wehren, die im Vollgefühl ihres Geistesbesitzes, ihrer Visionen und Wundertaten auf Paulus mit seinen Leiden, Verfolgungen und Gefangenschaften als einen «Fleischesmenschen» herabsehen (2.Kor.10,1ff; 12,11 u.ö.). Nach dem Bild der in der Antike verbreiteten «göttlichen Männer» sehen sie in Jesus offenbar primär den Thaumaturgen und Wundertäter, dessen göttliche Kraft in seinen Missionaren erscheint und wirkt. In Korinth empfindet Paulus diese Missionare direkt als Irrlehrer, die einen «anderen Jesus» (11,4) verkündigen und mit ihrem Pochen auf göttliche Wunderkräfte nicht begriffen haben, daß Gott gerade in der Ohnmacht des Kreuzes Jesu heilbringend nahe ist. Doch heißt das nicht, daß Paulus solche Leute immer und überall als Irrlehrer empfinden mußte, weil ihre Vorstellungen nicht immer gleich massiv ausgeprägt zu sein brauchten. Wie verbreitet solche Strömungen waren, zeigt die Apostelgeschichte, die in manchen Teilen gleichfalls ein Christentum kennt, für das christliche Mission und Wunder-Demonstration fast identisch sind. Welcher Richtung diese «unlauteren» Verkündiger angehörten, läßt sich nicht mehr eindeutig klären. Daß sich ihre persönliche Rivalität gegen Paulus auf dem Untergrund auch gewisser sachlicher Differenzen erhob, ist aber doch das Wahrscheinlichste. Beachtet man, daß sie auch die Gefangenschaft des Apostels anders sehen als er und seine Anhänger, so deutet das doch dahin, daß sie die paulinische Kreuzestheologie (theologia crucis) nicht verstanden, und also in einer gewissen Nähe zu den Gegnern des 2.Korintherbriefes zu sehen sind.

V.18. Auf die Unfreundlichkeiten dieser Prediger reagiert Paulus auffallend gelassen: «Jedenfalls wird so oder so, in unlauterer oder lauterer Absicht, Christus gepredigt, und darüber freue ich mich» (V.18). Man sollte das nicht auf die Märtyrersituation oder auf eine gegenüber dem 2.Korintherbrief gereifte Einsicht des Apostels zurückzuführen suchen. Seine Gelassenheit zeigt einerseits, daß er hier noch keine Irrlehre feststellen kann und also in dieser Verkündigung keinen Schaden, sondern einen Nutzen sieht, und zum anderen zeigt sich eben darin seine «apostolische Sachlichkeit»: es geht ihm in der Tat nicht um sich selbst, sondern um die Sache des

Evangeliums. Daß so oder so auf jeden Fall Christus verkündigt wird, darüber freut er sich. Das Thema der Freude taucht hier nach V.4 zum zweiten Male auf. Diese Freude hat darin ihren Grund, daß sich der Sieg Jesu Christi souverän Bahn bricht, wie der Fortschritt der Evangeliumsverkündigung zeigt. Von dieser Freude wird zunächst im Präsens, danach in 18c betont im Futurum gesprochen: sie bestimmt Gegenwart und Zukunft des Christen, ist also ein Wesensmerkmal christlicher Existenz.

1,18c–26   Die Gewißheit des Apostels

18c Aber ich werde mich auch in Zukunft freuen. 19 Denn ich weiß, daß «mir das zum Heil gereichen wird» durch eure Fürbitte und die Hilfe des Geistes Jesu Christi, 20 nach meiner sehnsüchtigen Erwartung und Hoffnung, daß ich in keiner Hinsicht zuschanden werde, sondern daß in aller Offenheit, wie immer, so auch jetzt, Christus durch meinen Leib verherrlicht wird, sei es durch Leben oder durch Tod. 21 Denn für mich ist das Leben Christus und Sterben ist Gewinn. 22 Wenn ich aber hier weiterleben soll, bedeutet das für mich fruchtbare Arbeit. So weiß ich nicht, was ich vorziehen soll. 23 Von zwei Seiten werde ich bedrängt: ich habe Lust, aus der Welt zu scheiden und bei Christus zu sein; denn das wäre weit, weit besser. 24 Aber um euretwillen ist es nötiger, daß ich hier bleibe. 25 Und in dieser Zuversicht weiß ich: ich werde bleiben und euch allen erhalten bleiben zu eurer Förderung und Glaubensfreude, 26 damit euer Ruhm in Christus Jesus umso größer werde durch mich, wenn ich wieder zu euch komme.

Paulus geht zu einem neuen Themenbereich über, der zwar eng mit dem vorangehenden zusammenhängt, dennoch aber eine neue Perspektive anschneidet. Ging es bisher um seine gegenwärtige Lage und das, was sich in den bisherigen Tagen seiner Gefangenschaft gezeigt hat, so geht es jetzt von V.18c an um seine unmittelbare Zukunft. Diese Zukunft ist von derselben Freude der Heilszuversicht bestimmt. Warum auch die Zukunft nur unter dem Zeichen der Freude stehen kann, wird in den beiden folgenden Versen begründet, deren erster von einem Wissen des Paulus, deren zweiter von seiner Hoffnung spricht. Wissen und Hoffnung werden dabei parallel gesetzt, d.h. das Wissen meint nicht eine empirische Erfahrung – die etwa aus dem bisherigen Prozeßverlauf entnommen werden könnte –, sondern ist das Wissen des Glaubens, wie ja auch die Hoffnung ein Strukturmoment des Glaubens ist.
V.19. Paulus meint wohl seine ganze in V.12–18 geschilderte gegenwärtige Lage, wenn er sagt, daß ihm «das» zum Heil gereichen werde. Dabei ist es wohl kaum zufällig, wenn dieser Satzteil wörtlich mit Hiob 13,16 in dem griechischen Text der sogen. Septuaginta übereinstimmt: Der gefangene Paulus drückt sich mit den Worten des leidenden Hiob aus. Aber sein Wissen, daß ihm das alles zum Heil gereichen wird, gründet nicht in seiner eigenen Rechtschaffenheit, Standfestigkeit oder Überlegenheit. Nicht durch ihn selbst wird es ihm zum Heil gereichen, sondern «durch eure Fürbitte und die Hilfe des Geistes Jesu Christi». Die auffallende Voranstellung der Fürbitte vor die Hilfe des Geistes wird man so zu verstehen haben, daß sich die Fürbitte ja nur darauf beziehen kann, daß Christi Geist ihm helfen möchte. Aber wie ist diese Hilfe des Geistes zu verstehen? Man hat an Mk.13,11 gedacht: «... sorget nicht, was ihr reden werdet, sondern das redet, was euch in jener Stunde gegeben wird. Denn nicht ihr seid es, die reden, sondern der heilige Geist». Aber daran ist

zumindest nicht *nur* zu denken; denn es geht hier doch nicht nur darum, daß der Geist Paulus hilft, in der Gerichtsverhandlung das Rechte zu sagen, sondern auch darum, daß er ihn darüber hinaus bei Anfechtungen und Bedrohungen im Glauben erhält. Paulus macht sich über seine Situation keine Illusionen. Auch wenn er seines Heils gewiß ist, weiß er doch, daß sein Glaube hier angefochten und bedroht ist, und das nirgends stärker, als jetzt im Gefängnis. Hier im Gefängnis an den Sieg der Liebe zu glauben, heißt ja doch – allem Augenschein zum Trotz – das Gegenteil dessen zu glauben, was man täglich und stündlich unter Qualen erfährt, heißt wider alle Erfahrung an den Gott zu glauben, der die Toten auferweckt, heißt Glauben im Gegensatz zum Schauen. Die daraus immer wieder entstehende Anfechtung kann Paulus nur bestehen unter der Hilfe des Geistes, der nach Röm.8,26 uns in unserer Schwachheit aufhilft.

V.20. Diese Gewißheit entspricht seiner Hoffnung; sie ist also die Gewißheit des Glaubens, nicht menschliche Berechnung. Paulus hofft, daß er in keiner Hinsicht zuschanden wird. Ist damit ein günstiger Ausgang des Prozesses gemeint? Aber Paulus erläutert in V.20b: «... daß Christus ... verherrlicht wird, sei es durch Leben oder Tod». Er rechnet durchaus unter Umständen mit seinem Tod, also einem ungünstigen Prozeßende. Nicht zuschanden wird er, wenn «in aller Offenheit, wie immer, so auch jetzt, Christus an (seinem) Leibe verherrlicht wird». Das Nicht-zuschanden-Werden kann sich also nur darauf beziehen, daß Paulus nicht als Botschafter, nicht als Zeuge Jesu Christi versagt. Es geht um die Bewährung seines Glaubens und seiner apostolischen Existenz, und er ist sich seiner selbst dabei durchaus nicht einfach «sicher». Seine Gewißheit und Hoffnung gründet vielmehr auf der «Hilfe des Geistes Jesu Christi», gründet auf dem Umstand, daß er hineingenommen ist in die Macht Jesu Christi, die ihren unaufhaltsamen Siegeszug nimmt.

Folgendes sollte man dabei noch beachten: 1. Paulus bezeichnet als Inhalt und Ziel seines Lebens, «daß Christus verherrlicht werde». Er nennt es nicht «das Reich Gottes bauen», «das Christentum ausbreiten», «Seelen erretten» oder «Verhältnisse ändern». Den Kern und das Ziel seines Wirkens sieht er nicht darin, ein neues Menschenbild oder Selbstverständnis zu verbreiten oder die gesellschaftlichen Verhältnisse zu verändern, er sieht es also nicht in der Anthropologie oder Soziologie. Nicht, als ob seine Verkündigung keine Konsequenzen für die gesellschaftlichen Verhältnisse und für das menschliche Selbstverständnis hätte. Das hat sie zweifellos und hat sie notwendigerweise. Aber solche Konsequenzen sind eben das Zweite und nicht das Erste. Kern und Zentrum seines Denkens sind nicht von solchen Begriffen her, sondern nur christologisch zu erfassen, d.h. von dem Christus-Geschehen her, von dem, was Christus getan hat und was Christus für seine Gemeinde und die Welt ist und bedeutet. 2. Es geht darum, daß Christus verherrlicht wird. Aber nicht Paulus ist es, der Christus erst noch groß machen und verherrlichen müßte, so als ob das Ergebnis von ihm abhängen würde. Statt dessen wird in auffallendem Passiv gesprochen: Diese Verherrlichung Christi geht vonstatten mit oder ohne Paulus, durch sein Leben oder seinen Tod. Es ist Gottes Macht, die hinter diesem Geschehen steht. Darum kann Paulus an anderer Stelle (2.Kor.2,14) von dem Triumpfzug Christi sprechen, den Gott ihn halten läßt, und in dem der Apostel wie eine Beute mitgeführt wird. Paulus hat an dieser Verherrlichung Christi Anteil mit seinem Zeugnis; aber es ist eben der Siegeszug Christi, an dem er damit Anteil hat. Das ist auch letztlich der Grund seiner Heilsgewißheit. 3. Diese Verherrlichung Christi geschieht an seinem Leibe, an dem Leib des Apostels, der im Gefängnis schmachtet, unter dem Henkerbeil fällt, oder auch bei seiner Freilassung aufatmend die Glieder reckt und seinen Mund erneut zum Lob Gottes öffnet. Christlicher Glaube wirkt sich nach Paulus immer leiblich aus. Einen Glauben, der sich nur auf die Innerlichkeit, das Herz, die Gesinnung beschränken würde, ohne leiblich zu werden und konkret nach außen zu dringen, kennt Paulus nicht. Das hat Konsequenzen für die Ethik; denn Glaube will leiblich, will zur Tat werden.

V.21. Vers 20 endet mit den Worten «sei es durch Leben oder durch Tod». Damit ist die zuvor ausgedrückte Heilszuversicht auf die Spitze getrieben: gleichgültig, wie der Prozeß ausgeht, ob durch Freispruch oder Hinrichtung – an seiner Heilszuversicht kann das nichts ändern. Vers 21 will diese recht gewagte Zuspitzung begründen. Es ist, als empfände Paulus selbst das Ungeheure dieser Aussage, als wolle er sie deshalb verständlich machen. Dabei zeigt das betonte «denn für mich» am Anfang des Satzes, daß es sich im Folgenden nicht um einen Gemeinplatz handelt, dem jeder zustimmt, auch nicht um eine allgemein verbreitete christliche Überzeugung. Der Satz gibt sich vielmehr ausdrücklich als ein persönliches Bekenntnis: «Denn für mich ist das Leben Christus ...» Uns ist dieser Satz zumeist mehr in der Übersetzung Luthers geläufig: «denn Christus ist mein Leben ...», wobei der Satz dann eine Aussage über Christus macht. Genau übersetzt, macht Paulus aber zunächst eine Aussage über sein Leben und nimmt damit den Schluß von Vers 20 wieder auf (... durch Leben oder Tod). Das Leben ist für Paulus Christus, und daran kann auch der leibliche Tod nichts ändern; er kann nur die äußere Trennung zwischen Paulus und Christus aufheben, und also nur Gewinn sein. Der Begriff «Leben» bekommt dabei unter der Hand einen etwas anderen Inhalt: meinte «Leben» in V.20b das irdische Weiterleben im Gegensatz zum gewaltsamen Tod, so bedeutet es jetzt in V.21a nicht nur das irdische Weiterleben, sondern bekommt durch die Identifizierung mit Christus umfassenden, qualifizierten Sinn. Der Satz: «Für mich ist das Leben Christus», enthält damit aber auch eine Aussage über Christus: er ist das, was für Paulus Inhalt und Sinn des Lebens ausmacht, was eigentlich Leben bedeutet. Wieder drückt Paulus hier den Kern seines Glaubens christologisch aus: Christus. Aber «Christus» und «mein Leben», Christologie und Anthropologie, sind unlöslich miteinander verbunden, lassen sich auf keinen Fall trennen.

Auch anderswo finden wir in der Antike Aussagen, die den Tod als einen Gewinn bezeichnen (Jon.4,3; Hiob 3,11; Tobit 3,6; Aischylos, Prometheus 747; Plato, Apol.40 u.ö.). Aber die Übereinstimmung mit solchen Stimmen ist nur formal und hebt sich ab über einer völlig anderen Einstellung zu Leben und Tod. In solchen Aussagen erscheint der Tod zumeist deshalb als begehrenswert, weil er Erlösung von einem unerträglich gewordenen Leben verspricht. Der Tod bekommt den Charakter einer Flucht, eines Entrinnens in ein besser vorgestelltes Jenseits. Bei Paulus ist er das nicht, wie gerade die Fortsetzung zeigt. Nicht, weil ihm die Gegenwart unerträglich wäre – er redet ja doch ständig von Freude! –, erscheint ihm der Tod als Gewinn, sondern weil der Tod ihm das Bei-Christus-Sein bringen kann (V.23), während jetzt seine Gemeinschaft mit Christus noch unvollkommen ist: «Jetzt schauen wir in einen Spiegel und sehen nur rätselhafte Umrisse, dann aber schauen wir von Angesicht zu Angesicht. Jetzt erkenne ich unvollkommen, dann aber werde ich ganz erkennen, so wie ich auch ganz erkannt bin» (1.Kor.13,12).

V.22f. Daß das vorangehende persönliche Bekenntnis kein Ausdruck von Weltflucht war, wird in V.22 deutlich. Paulus kehrt jetzt wieder zu der Frage zurück, die in seinem Prozeß konkret zur Entscheidung steht: Freilassung oder Hinrichtung. Wenn er nicht verurteilt, sondern freigelassen wird, dann bedeutet das für ihn die Möglichkeit zu fruchtbarer Missionsarbeit. Das Weiterleben wäre für ihn keineswegs eine Last, sondern eine große Chance. Und nun sieht Paulus sich in dem Dilemma, daß er nicht weiß, was er vorziehen sollte, was ihm lieber wäre.

V.23. Es zieht ihn nach beiden Seiten: Einerseits hat er Lust, aus der Welt zu scheiden – wörtlich: «aufbrechen», auch in der Profangräzität euphemistisch für «sterben» gebraucht – und bei Christus zu sein; andererseits weiß er, daß das Weiterleben um der Gemeinden willen notwendiger ist. Nicht weil das Sterben ihn von der Last der Welt befreit, hat Paulus Verlangen danach, sondern um «bei Christus zu sein», was für ihn weit besser wäre. Dieses Bei-Christus-Sein meint deutlich die vollkommene Gemeinschaft mit Christus in der Vollendung, die Paulus in der Gegenwart noch nicht hat. In diesem Sinne sagt 1.Thess.4,17 im Blick auf die Parusie Christi: «Dann werden wir für immer beim Herrn sein» (vgl.auch 1.Thess.4,14; 5,10; 2.Kor.4,14). Aber diese vollkommene Gemeinschaft mit Christus, die nach 1.Thess.4,17 die Folge der Wiederkunft (Parusie) Christi am Ende der Weltzeit ist, wird nach Phil.1,23 Paulus schon in der Todesstunde zuteil. Dem Problem, das durch diese in Spannung zueinander stehenden Aussagen gegeben ist, werden wir uns im folgenden Exkurs gesondert zuwenden müssen.

V.25. Aber das «Hierbleiben» ist um der Gemeinde willen notwendiger, weil es ihrer Förderung und Glaubensfreude dienen wird. Wieder ist von der Freude gesprochen, die aber nicht bloß Freude darüber sein wird, daß der Apostel weiterlebt, sondern die Freude «des Glaubens» ist, d.h. zum Glauben notwendig hinzugehört. Sie ist ja nach Gal.5,22 eine Frucht des Geistes, erwächst notwendig als Frucht aus der Erkenntnis, wie reich der Glaubende beschenkt ist. Besonders bezeichnend aber ist, wie Paulus hier über seine eigene Lage und Zukunft denkt. Er weiß, daß sein Weiterleben den Glaubensstand der Gemeinden fördern wird und deshalb notwendiger ist. Und aus dieser Einsicht, daß er noch gebraucht wird, entnimmt er die Zuversicht, daß Gott sein Leben noch nicht in diesem Prozeß enden lassen wird. Wieder muß man sich hüten, aus diesem Satz allzuviel über den Stand des Prozesses heraushören zu wollen. Weder ist eine Prozeßwende angedeutet, die Paulus zu dieser günstigen Einschätzung des Ausgangs hätte kommen lassen, noch ist gemeint, daß Paulus als Märtyrer eine Prophetengabe erlangt hätte, kraft deren er um seine künftige Freilassung wisse. Es ist auch nicht nur von einem Eventualfall, einer Möglichkeit gesprochen. Vielmehr hält Paulus das, was er als das Notwendigere erkannt hat, zwar nicht für sicher, aber doch für das Wahrscheinlichere. Kritisches Beurteilen und Vertrauen auf Gottes Fürsorge gehen hier Hand in Hand: er ist der guten Zuversicht, daß Gott das tun wird, was er, der Apostel, um der Sache Christi willen für das Notwendigere erkannt hat.

V.26. Ziel seiner Freilassung sollte nicht nur die Förderung und Glaubensfreude der Philipper sein, sondern auch, daß ihr «Ruhm in Christus Jesus» zunimmt. Das verwundert im ersten Augenblick, vor allem, wenn man daran denkt, daß der Glaube doch alles Rühmen des Menschen ausschließt (Röm.3,27; 1.Kor.1,29). Aber mit diesem durch den Glauben ausgeschlossenen Rühmen ist nur der Selbstruhm des Menschen gemeint, das Vertrauen des Menschen auf seine eigene Leistung, nicht das Rühmen Gottes bzw. Jesu Christi und der durch ihn geschenkten Gnade (1.Kor.1,31). Daher kann Paulus wiederholt von seiner Hoffnung sprechen, seine Gemeinden würden einst bei der Parusie des Herrn sein «Ruhm» sein (1.Thess.2,19; 2.Kor.1,14; Phil.2,16), nicht als Zeichen seiner eigenen Leistung, auf die er pochen könnte, sondern als Zeichen der ihm geschenkten Gnade, für die er dankbar und stolz ist. In diesem Sinne wird auch hier von «Ruhm» der Philipper gesprochen, der aber kein Selbstruhm, sondern «Ruhm in Christus Jesus», also ein

Rühmen des Heilsgeschehens, ein Rühmen der Gnade ist. Wenn Paulus wieder zu ihnen kommen kann, wird auch ihr Glaube noch mehr wachsen, und sie werden umso mehr Gottes Gnade rühmen.

Exkurs: Phil.1,23 und die paulinische Zukunftserwartung (Eschatologie)

Die in Phil.1,23 ausgedrückte Hoffnung, schon in der Todesstunde die vollkommene Christusgemeinschaft zu erfahren und «bei Christus zu sein», steht in Spannung zur sonstigen paulinischen Erwartung. Nach 1.Thess.4,13–18 erwartet Paulus das Beim-Herrn-Sein von der Wiederkunft Christi, und diese erhofft er noch zu Lebzeiten; bei ihr werden die Toten auferweckt und die lebenden Christen zusammen mit den auferweckten entrückt werden, dem Herrn entgegen in die Luft, und so zur dauernden Gemeinschaft mit Christus kommen. Ähnlich sagt es 1.Kor.15,51f.: «Nicht alle werden wir entschlafen, aber alle werden wir verwandelt werden, in einem Nu, in einem Augenblick, bei der letzten Posaune; denn die Posaune wird erschallen, und die Toten werden auferstehen unvergänglich, und wir werden verwandelt werden». Wesentlich ist dieser Erwartung, daß die vollendete Gemeinschaft mit Christus (das Beim-Herrn-Sein) von dem endzeitlichen Kommen Jesu Christi erhofft wird, das mit der Auferweckung der Toten und Verwandlung der Lebenden die endgültige Durchsetzung der Herrschaft Gottes über der Welt und ihren Mächten bringt und kein individualgeschichtliches, sondern ein kosmisches, die ganze Welt umfassendes Geschehen ist. So entspricht es nicht nur der frühchristlichen Erwartung, sondern auch einer verbreiteten Strömung im zeitgenössischen Judentum, die man als Apokalyptik zu bezeichnen pflegt und etwa im Buch Daniel zum Ausdruck kommt. So ist es auch in Mark 13,24–27 und Off.21,3 vorausgesetzt.

In Phil.1,23 dagegen erwartet Paulus das Bei-Christus-Sein als unmittelbare Folge seines Sterbens. Die vollkommene Gemeinschaft mit Christus ist hier also nicht an die Wiederkunft Christi, sondern an die Sterbestunde des Paulus gebunden. Wie paßt das Eine zum Andern? Man ist versucht, beide Vorstellungen dadurch miteinander zu harmonisieren, daß man annimmt, die Zwischenzeit zwischen Tod und Wiederkunft Christi werde als eine Art bewußtloser Schlaf einfach nicht gezählt. Aber das geht deshalb nicht, weil das Bei-Christus-Sein dem Hier-Weiterleben (im Falle seiner Freilassung) gegenübersteht, mit diesem also zeitlich parallel gedacht ist.

Man hat immer wieder gemeint, diese Spannung durch einen Entwicklungsprozeß des Paulus erklären zu können. Danach habe sich seine Zukunftserwartung im Laufe der Zeit gewandelt. In der Anfangszeit habe Paulus eine glühende Naherwartung vertreten, die in 1.Thess.4,13–18 zum Ausdruck komme und sich auch noch in 1.Kor.15 zeige. Diese Hoffnung, die Wiederkunft Christi in Bälde zu erleben, habe er allmählich aufgegeben und sei über 2.Kor.5,1–10 zu der in Phil.1,23 ausgedrückten Hoffnung gekommen, die Heilsvollendung durch den individuellen Tod zu erlangen. Diese Entwicklung verstanden die einen als eine Abwendung von jüdisch-apokalyptischen Vorstellungen hin zu griechisch-hellenistischem Denken, andere betonten vor allem eine psychologische Entwicklung des Apostels durch erlittene Todesgefahren. So gut wie immer aber sah man darin eine Auswirkung dessen, daß sich die Wiederkunft Christi und der Anbruch der Herrschaft Gottes verzögerte (Parusieverzögerung). Man sah darin ein Abstandnehmen von apokalyptischem Denken und apokalyptischer Naherwartung.

Nun ist es gewiß nicht falsch, damit zu rechnen, daß das theologische Denken des Apostels auch eine gewisse Entwicklung und Entfaltung erfahren hat, die sich in seinen Briefen teilweise niedergeschlagen haben kann. Die Spannung zwischen Phil.1,23 und den anderen eschatologischen Aussagen des Paulus läßt sich damit aber nicht erklären. Daß Paulus in einem späteren Stadium die apokalyptische Hoffnung auf das baldige Kommen Christi aufgegeben hätte, scheitert schlicht an der Aussage der Texte. Man müßte dazu nicht nur voraussetzen, daß der Philipperbrief der späteste Paulusbrief sei – also seine Abfassung in Rom annehmen, was sich uns als unwahrscheinlich gezeigt hat –, sondern müßte vor allem übersehen, daß Paulus auch im Philipperbrief noch deutlich die Hoffnung auf die baldige Wiederkunft Christi und die kommende Auferstehung der Toten teilt und ausdrückt (Phil.3,11ff.; 20f.; 4,5); ähnlich in dem als besonders spät geltenden Römerbrief (Röm.13,11). Vielleicht kann man davon sprechen, daß in Röm.13,11 die Nähe des Endes nur noch relativierend gemessen wird und so ein gewisses Nachlassen der Naherwartung gegenüber 1.Thess.4,13ff. vorliegt, wo das Kommen Christi schlicht und einfach zu Lebzeiten erwartet wird. Auf jeden Fall aber ist im Röm. und im Phil. die Erwartung des endzeitlichen Kommens Christi mit der damit verbundenen Aufrichtung der Herrschaft Gottes eindeutig festgehalten. Gleichwohl findet sich jedoch daneben in Phil.1,23 die Hoffnung auf eine endgültige Gemeinschaft mit Christus schon im Tode. Diese individualgeschichtliche Hoffnung wird mit der universalgeschichtlich-kosmischen nicht in Zusammenhang und nicht zum Ausgleich gebracht, sondern steht unverbunden neben ihr.

Dieses unverbundene Nebeneinander von individueller und kosmischer Heilserwartung kennzeichnet aber auch die Zukunftserwartungen des antiken Judentums, aus dem Paulus und die Frühchristenheit kommen, und das ihre Erwartungen und Vorstellungen beeinflußt hat. Man erwartet einerseits das Ende dieser Welt bzw. dieses Äons unter weltweiten messianischen Wehen, ein Kommen des Menschensohns vom Himmel, Auferstehung der Toten, Weltgericht und neue Schöpfung. Daneben erwartet man andererseits weithin auch ein individuelles Gericht sofort nach dem Tode, das den Gerechten in den Gan Eden (das Paradies), den Sünder aber in den Gehinnom (Hölle) bringt (vgl. u.a. 2.Makk.7,36; äth.Henoch 22; 4.Esra 7,92ff.). Auch in den Evangelien findet sich diese individualgeschichtliche Erwartung, wenn in Luk.23,43 dem mitgekreuzigten Verbrecher gesagt wird: «Heute noch wirst du mit mir im Paradies sein», oder wenn im Gleichnis der reiche Mann nach dem Tode in die Qual kommt, wo er Lazarus in Abrahams Schoß sitzen sieht (Luk.16,22f.). Dabei kennt das Judentum durchaus verschiedene Vorstellungen nebeneinander. Der Aufenthaltsort der Gerechten kann in besonderen Kammern der Unterwelt, er kann aber auch im Paradies oder im Himmel sein. Es kann versucht werden, diesen unmittelbar nach dem Tod erwarteten Heilszustand zu der allgemeinen Totenauferstehung in Beziehung zu setzen; es können aber auch beide Erwartungen unausgeglichen nebeneinander stehen. Übrigens ist das Nebeneinander von Fegefeuer und Hölle in der christlichen Theologie des Mittelalters eine späte geistesgeschichtliche Nachwirkung dieser schon im Judentum sich findenden Doppelung.

Aber kann Paulus wirklich beide Vorstellungen unverbunden nebeneinander gebraucht haben, ohne sie irgendwie miteinander auszugleichen? Daß sich beide nicht recht miteinander verbinden lassen, ist ein Hauptargument derer, die hier eine Wandlung der paulinischen Erwartung feststellen zu können meinen: Paulus könne sich das Bei-Christus-Sein zwischen eigenem Tod und Wiederkunft Christi nicht als leiblose Existenz gedacht haben; wenn er aber schon nach dem Tod eine neue Leiblichkeit erwartet habe, dann entstehe das Dilemma, was damit bei der Auferstehung der Toten werden solle. Aber wer so fragt, geht von der Voraussetzung aus, daß Paulus eine geschlossene Vorstellung von Ablauf und Zusammenhang der Endereignisse hatte und haben mußte, eine geschlossene Vorstellung, die seine Erwartung und Hoffnung bestimmte. Aber gerade diese Voraussetzung trifft nicht zu. Es gibt bei Paulus nirgends ein geschlossenes Bild vom Ablauf der Endereignisse. Nirgends werden etwa Auferstehung der Toten und Jüngstes Gericht in Beziehung zueinander gesetzt oder mit den messianischen Wehen verbunden. Die verschiedenen Vorstellungen und Aussagen über die von der Zukunft erwarteten sogenannten eschatologischen Ereignisse stehen vielmehr auffallend kontaktlos nebeneinander. Sie sollen im Sinne des Paulus auch gar nicht zu einem geschlossenen Bild vom Ablauf der Endereignisse zusammengesetzt werden. Denn die Hoffnung des Apostels gründet nicht in einem apokalyptischen Weltbild, das er aus seinem Elternhaus und dem damaligen Judentum mitbrachte und zeitgebunden war wie alle Weltbilder. Seine Hoffnung gründet vielmehr im Christusgeschehen, das er nun mit Hilfe apokalyptischer (und anderer) Begriffe und Vorstellungen auszulegen sucht. Die apokalyptischen Vorstellungen diktieren nicht seinen Glauben, sondern sind für ihn Material, mit deren Hilfe er die Bedeutung des Todes und der Auferstehung Jesu Christi auszusagen versucht. Daher begründet er bereits an der ältesten Stelle 1.Thess.4,13ff. die christliche Auferstehungshoffnung aus dem Bekenntnis zu Jesu Tod und Auferstehung. Entsprechend bringt auch 1.Kor.15,20ff. keinen «Ablauf der apokalyptischen Ereignisse», sondern strengste theologische Argumentation, die die endgültige Überwindung des Todes als Konsequenz aus der Auferstehung Jesu und aus seiner Einsetzung zum «Herrn» über alle Mächte zu erweisen sucht. Und darum kann 1.Kor.6,14 («Gott hat den Herrn auferweckt und wird auch uns auferwecken ...») gänzlich auf die eschatologischen Nebenereignisse, wie Verwandlung und Entrückung der noch Lebenden und dergleichen, verzichten, weil es Paulus nur darauf ankommt, welche Konsequenz das Christus-Geschehen für den Glaubenden in seiner je konkreten und besonderen Lage hat: Welche Bedeutung hat es je für mich, daß Christus für uns gestorben und auferstanden ist?

Für Phil.1,23 folgt daraus, daß es auch hier nicht darauf ankommt, in welchem Gesamtzusammenhang sich ein solches Bei-Christus-Sein nach dem Tod verstehen läßt, wie das «Wie» dieses Zwischenzustandes und sein Verhältnis zur Wiederkunft Christi und zur Herrschaft Gottes zu bestimmen wäre. Auch hier geht es Paulus nur darum, die unmittelbare Konsequenz aufzuzeigen, die sich aus dem Christus-Geschehen für seine konkrete Situation vor Gericht ergibt, angesichts der Frage: Hinrichtung oder Freispruch. Bezeichnend ist ja, daß Paulus auch die Aussage von Phil.1,23 in V.21 christologisch begründet: Weil Christus für ihn das Leben ist, darum kann auch der Tod ihm nur Leben bringen, und Leben im qualifizierten Sinn kann letztlich nur bedeuten «bei Christus zu sein». Maßgeblich für diese Aussage ist nicht eine damals verbreitete Weltanschauung mit ihrem so oder so zu zeichnenden apokalyptischen Koordinatennetz, sondern allein die Konsequenz, die das Christus-Geschehen für ihn hat, und die er direkt auf seine konkrete Situation zuspitzt.

1,27–2,18 Ermahnungen zum rechten Wandel

Wie auch in anderen Briefen des Apostels Paulus oder seiner Schüler (Röm.; Gal.; Eph.; Kol.) folgt auch hier auf einen thematischen Teil, in dem Paulus über den

Stand seiner Angelegenheiten berichtet (1,12–26), ein Abschnitt mit Ermahnungen zum rechten Wandel der Leser des Briefes (Paränese). Man hat sich darüber verwundert, daß diese Ermahnungen recht allgemein gehalten sind und die scharf umrissenen Sachfragen vermissen lassen, wie wir sie etwa im 1.Korintherbrief finden. Doch darf man mit dem 1.Korintherbrief, der ganz auf bestimmte, scharf umrissene Anfragen der Gemeinde antwortet, nicht vergleichen. Vergleichbar sind sie aber mit denen des Galaterbriefes und werden gerade mit ihrer Breite und Allgemeinheit durchaus der Funktion gerecht, der sie dienen sollen, die Gemeinde darin zu bestärken, ein Leben zu führen, wie es der empfangenen Heilsgabe entspricht. Doch enthält der Abschnitt durchaus auch konkrete Bezüge. Paulus weiß um die Bedrohung der Gemeinde von außen und wie sich die Philipper angesichts dessen verhalten haben (1,27ff.). Er weiß auch von Uneinigkeiten in der Gemeinde (2,2). Daß die Ermahnungen dennoch in einem so sachlich ruhigen Ton gehalten sind, zeigt, daß Paulus sich um die Philipper keine Sorgen zu machen braucht. Die Gemeinde hat sich bisher im Glauben bewährt und soll in dieser Haltung bestärkt werden. Da aber der vorangehende Briefteil keine zentrale Glaubensfrage, sondern das persönliche Ergehen des Apostels zum Thema hatte, bekommt nun der paränetische Teil erheblich stärkeres Gewicht als dies etwa im Römer- oder Galaterbrief der Fall ist. Diesem größeren Gewicht entspricht es, daß Paulus hier im ermahnenden Teil den Christus-Hymnus (2,6–11) zitiert, der Grund und Norm christlicher Existenz andeutet und so in gewisser Weise zum Mittelpunkt des Briefes wird.

1,27–30   Gemeinsamer Kampf für das Evangelium

27 Nur (eins ist wichtig): Führt euer Leben so, wie es dem Evangelium von Christus entspricht, damit, ob ich nun komme und euch sehe oder ob ich ferne von euch bin, ich das von euch höre, daß ihr in einem Geist feststeht, einmütig zusammen für den Glauben an das Evangelium kämpft, 28 und euch in keiner Weise von den Widersachern einschüchtern laßt. Das ist für sie ein Anzeichen dafür, daß sie verloren sind, daß aber ihr gerettet werdet, und das durch Gottes Entscheid. 29 Denn euch wurde es geschenkt, für Christus da zu sein, nicht nur an ihn zu glauben, sondern auch für ihn zu leiden. 30 Ihr habt ja den gleichen Kampf zu bestehen, den ihr an mir gesehen habt und jetzt von mir hört.

Die Ermahnung beginnt mit einem «Nur (eins ist wichtig)». Zuvor blieb ja manches offen und in der Schwebe: ob Paulus freigelassen wird oder nicht, ob er zu ihnen kommen kann oder nicht. Das «Nur» zieht darunter einen Schlußstrich: wie es auch immer werden mag, nur darauf kommt es an, so zu leben, wie es dem Evangelium von Christus entspricht. Dabei ist dieser Satz nicht nur eine Art Überschrift zu allen folgenden Ermahnungen, sondern zeigt auch, was das Wesen paulinischer Paränese ist: leben, wie es dem Evangelium von Christus entspricht (wörtlich: würdig des Evangeliums von Christus leben). Ähnliche Formulierungen in 1.Thess.2,12; Röm.16,2; Kol.1,10 und Eph.4,1 zeigen, daß diese Mahnung charakteristisch ist. Sie sollen ihr Leben so führen, wie es dem Sein entspricht, das ihnen gegeben ist, wie es dem Herrn entspricht, zu dem sie gehören, dem Evangelium, der Gabe, die ihnen zuteil wurde. Diese Ermahnungen ziehen sich durch die ganze Breite der paulinischen und deuteropaulinischen Briefe und zeigen das typisch paulinische Gefälle zwischen Indikativ und Imperativ, wonach der Imperativ der Ermahnung durch den

Indikativ der Heilszusage begründet wird, wie es besonders einprägsam in Gal.5,25 formuliert wird: «Wenn wir im Geist leben, dann laßt uns auch im Geist wandeln». Hier werden die Christen nicht dazu aufgerufen, etwas zu werden, gerecht, heilig, fromm und neu zu werden, sondern werden ermahnt, ihrem neuen Sein entsprechend, der ihnen geschenkten Gabe entsprechend zu leben. Weil sie gerecht sind, darum sollen sie gerecht handeln. Weil sie geliebt sind, darum sollen sie in der Liebe leben. Die Gabe, die ihnen geschenkt ist, bestimmt ihr Leben. Deshalb: Lebt so, wie es dem Evangelium von Christus entspricht! Zu dieser Struktur der Ermahnung paßt auch ihre Allgemeinheit. Der damit genannte Maßstab ist zunächst recht allgemein und unbestimmt und muß erst von Fall zu Fall näher präzisiert werden. Ähnliches war uns bereits in V.9f. aufgefallen. Gerade darin aber drückt sich aus, daß die Leser als mündige Christen und als Charismatiker ernst genommen werden. Paulus erwartet, daß die Leser schon selbst sehen und erkennen, was solche Entsprechung bedeutet, und daß sie auch da, wo er im Folgenden dann konkretisiert, es einsehen und aus eigener Erkenntnis bejahen, was dem Evangelium entspricht.

Was es heißt, dem Evangelium zu entsprechen, konkretisiert Paulus nun in einer bestimmten Richtung. Es heißt, «daß ihr in einem Geist feststeht». Auch dieses «Stehen» oder «Feststehen» ist für Paulus charakteristisch. So ermahnt Phil.4,1: «so steht fest im Herrn», und 1.Kor.16,13: «wachet, steht im Glauben ...» (ähnlich 1.Thess.3,8; 2.Thess.2,15) Alles hängt für den Christen an solchem «Stehen»: «Zur Freiheit hat uns Christus befreit; so steht nun fest und laßt euch nicht wieder das Joch der Knechtschaft auflegen» (Gal.5,1). Wieder wird nicht ermahnt, etwas zu werden oder zu erreichen, sondern in dem Stand, in den man durch Gottes Gnade versetzt ist, zu «stehen», oder – wie es im Johannesevangelium ausgedrückt wird (Joh.6,56; 8,31; 15,4ff.) – zu «bleiben». Der Glaubende hat in dem, was ihm durch Christus gegeben ist, eine Möglichkeit, von der Gebrauch zu machen alles ist, was von ihm verlangt ist. Auch dieses Feststehen wird nun noch weiter präzisiert: sie sollen «in einem Geist» feststehen. Das wird im nächsten Satz noch weiter erläutert: sie sollen einmütig zusammen für den Glauben an das Evangelium kämpfen. Damit wird die Mahnung zur Eintracht gleich doppelt ausgesprochen. Das läßt aufhorchen, umso mehr, als diese Mahnung dann in 2,2 noch einmal und noch breiter aufgegriffen wird (vgl. auch 4,2). Spielt Paulus auf konkrete Vorgänge an? Man gewinnt den Eindruck, daß Paulus von einer gewissen Uneinigkeit in Philippi gehört hat. Wir werden uns dieser Frage bei 2,2 noch einmal zuwenden müssen. Jedenfalls hofft Paulus zu hören, daß die Philipper einmütig zusammen für den Glauben an das Evangelium kämpfen und sich in nichts einschüchtern lassen von den Widersachern.

(V.28). – Damit hat die eingangs ausgesprochene Ermahnung eine dritte Zuspitzung und Erläuterung erhalten, und auf dieser dritten Ermahnung liegt das eigentliche Gewicht in diesem Abschnitt. Nur diese erhält im Folgenden drei Begründungen oder Erläuterungen. So wird zunächst die in V.28a genannte Anfeindung in V.28b erläutert: in dieser Anfeindung zeigt sich eben die Verlorenheit der Widersacher. Es wird sodann in Vers 29 das, was den Philippern widerfährt, als Leiden für Christus erklärt, und schließlich in Vers 30 mit dem Leiden des Apostels in Parallele gesetzt. Hier hören wir nun von Feinden, die der Gemeinde zu schaffen machen. Was für Leute sind das? In Phil.3 muß Paulus sie vor Irrlehrern, theologischen und religiösen Verführern warnen. Aber die Widersacher von V.28 haben offenbar mit jenen nichts zu tun, sondern sind anderer Art. Vor jenen muß gewarnt werden, ihre Gefährlichkeit muß erst aufgedeckt werden; diese hier dagegen setzen in Schrecken, schüchtern die Christen ein. Ihre Bedrohung muß also eine äußere, mit Gewalt ver-

bundene sein. Damit stoßen wir auf einen Sachverhalt, der für das Verständnis der Gemeindesituation und Briefsituation wichtig ist und sich zu der Frage zuspitzt, ob die Gemeinde in Philippi von außen verfolgt wurde. V.29 erklärt, daß ihnen nicht nur geschenkt ist, an Christus zu glauben, sondern auch für Christus zu «leiden». Aber welche konkreten Widerfahrnisse umschließt hier der Begriff «Leiden»?
V.30. Im letzten Satz des Abschnittes wird dann das, was ihnen widerfährt, in Parallele gesetzt zu dem was Paulus widerfuhr: Sie haben denselben Kampf zu bestehen, den sie in der Vergangenheit an Paulus sahen, und von dem sie jetzt in der Gegenwart hören, daß Paulus ihn zu bestehen hat. Damit wird einerseits auf das Bezug genommen, was dem Apostel bei seinem Gründungsaufenthalt in Philippi – der anscheinend der bisher einzige Aufenthalt dort war – widerfuhr. Damals hatte Paulus in Philippi Leiden und Mißhandlungen zu erdulden (1.Thess.2,2), was die Apostelgeschichte in ihrer Weise eindrücklich schildert (Apg.16,19–40). Andererseits wird das Geschick der Philipper mit dem verglichen, was Paulus gegenwärtig bei seiner Gefangenschaft und Verteidigung des Evangeliums zu erdulden hat. Sie haben «denselben Kampf» zu kämpfen wie Paulus und werden deshalb bereits in 1,7 als «Teilhaber der Gnade, die mir durch meine Gefangenschaft und die Verteidigung und Bekräftigung des Evangeliums gewährt ist» bezeichnet. Man wird daher nicht umhin können, von einer Art Verfolgung zu sprechen, die über die Gemeinde gekommen ist. Nur: wie weit geht diese Verfolgung? Ist es bereits zu Verhaftungen oder gar Martyrien gekommen, oder ist mehr im weiteren Sinne an Anfeindungen, Bedrohungen und Einschüchterungen zu denken? Im Falle direkter Verhaftungen und Martyrien hätte Paulus die Gemeinde wohl doch noch in ganz anderer Weise trösten und aufrichten müssen, als er das hier faktisch tut. Konkrete Aussagen über Verhaftungen und dergleichen finden sich jedenfalls nicht, und die Wendungen, in denen Paulus von der Verfolgung in Philippi spricht, sind mehr allgemeiner Art. Immerhin sind auch Androhungen von Gewaltmaßnahmen durchaus schon geeignet, eine Gemeinde zu verunsichern. Es wird andererseits auch nicht darauf Bezug genommen, daß die Gemeinde schon früher in ähnlichen Bedrängnissen sich bewährt habe. Darf man daraus schließen, daß es erst neuerdings zu solchen Anfeindungen gekommen ist, und die Gemeinde bis dahin einigermaßen Ruhe hatte?
Jedenfalls sollen sie in dieser Bedrängnis in einem Geist feststehen, einmütig zusammen für den Glauben kämpfen und sich nicht einschüchtern lassen. Was ihnen widerfährt, ist nichts Außergewöhnliches. Die Anfeindung von draußen soll sie in ihrer Glaubensentscheidung nicht irre machen. Denn sie ist nur ein Zeichen dafür, daß die Philipper auf der Seite Gottes, auf der Seite des Lebens und der ewigen Rettung stehen, während die Widersacher verloren sind. Darüber hinaus macht **V.29** den Lesern klar, daß Verfolgung notwendig zum Christsein hinzugehört. Christsein heißt ja zu Christus gehören, und also nicht nur an Christus zu glauben, sondern ebenso für Christus, bzw. um seinetwillen zu leiden. Beides ist ihnen geschenkt, ist Gnade (vgl. dazu 1,7!). Das Wissen, daß Christsein und Leiden um Christi willen zusammengehören, zieht sich durch fast alle Schichten des Neuen Testaments (vgl. Mat.5,11f.; 10,24f.; Luk.6,22ff.; 1.Petr.4,13).

2,1–4   Ermahnung zu Eintracht und selbstlosem Verhalten

2,1 Wenn es also eine Ermahnung in Christus gibt, wenn es einen Zuspruch aus Liebe, eine Anteilhabe am Geist, ein herzliches Erbarmen gibt, **2** dann macht meine

Freude vollkommen, daß ihr eines Sinnes seid, gleiche Liebe habt, einmütig und einträchtig seid. 3 Tut nichts aus Selbstsucht und Ehrgeiz, sondern in Demut achte einer den anderen höher als sich selbst; 4 jeder sei nicht (nur) auf das Seine bedacht, sondern auch auf das der anderen.

Der Abschnitt zeigt eine gehobene Sprache, atmet eine gewisse Feierlichkeit, wie vor allem die viermalige Beschwörung in Vers 1 zeigt: «Wenn es also eine Ermahnung in Christus gibt, wenn es einen Zuspruch aus Liebe gibt» ... (usw.). Es wäre jedoch überzogen, wollte man deshalb den ganzen Abschnitt in Strophen aufgebaut finden; nur so viel läßt sich sagen: er atmet ein gewisses Pathos, das die Eindringlichkeit der Bitte unterstreicht. Auf den beschwörenden Appell von Vers 1 folgt die Ermahnung oder besser: die Bitte um Einmütigkeit, die vierfach variiert wird und schließlich in die Ermahnung zu Demut und Selbstlosigkeit übergeht. Schon diese Gliederung zeigt, daß die eigentliche Mahnung die zur Einigkeit ist. Damit hängt sie aber inhaltlich nicht nur eng mit der Mahnung von 1,27 zusammen, sondern führt diese auch direkt weiter. Was Paulus zum evangeliumswürdigen Wandel zu sagen hat, läuft primär auf die Mahnung zur Einigkeit hinaus. Das wird noch verstärkt durch den beschwörenden Appell von Vers 1: Wenn es all das bei ihnen gibt, was zu christlicher Existenz gehört: Ermahnung in Christus, Zuspruch aus Liebe, Anteilhabe am Geist, herzliches Erbarmen – und wer wollte bestreiten, daß es das in Philippi gibt? – dann sollen sie seine Freude auch dadurch vollkommen machen, daß sie einig sind. Mit anderen Worten: durch Uneinigkeit setzen sie all das aufs Spiel, stellen sie all das in Frage, was es an christlichem Sein und Leben bei ihnen gibt. Die starke Betonung der Mahnung zur Einmütigkeit fällt umso mehr auf, als dieses Thema zwar in 1,27 schon genannt, dann aber von V.28 an das Thema der Verfolgung in den Vordergrund getreten war. Jetzt kehrt Paulus mit Nachdruck zu dieser Mahnung zurück. Solche Betonung kann nicht zufällig sein und kaum mit allgemeiner, aufs Geratewohl erfolgender Paränese erklärt werden.

Wer die Mahnung zu evangeliumsgemäßem Wandel derart auf die Frage der Einmütigkeit zuspitzt, muß dazu Grund und Anlaß haben. Hat Paulus von Zwistigkeiten gehört? Für diese Vermutung spricht auch eine weitere Beobachtung. Wenn man einmal von Röm.12,16 absieht, wo die Mahnung zur Einmütigkeit im Rahmen einer umfassenden allgemeinen Paränese erscheint, finden wir diese Mahnung sonst immer durch konkrete Vorfälle veranlaßt. So ist sie in Röm.15,5 auf die Zwistigkeiten zwischen Starken und Schwachen in Rom bezogen, in 2.Kor.13,11 auf die diesen ganzen Brief bestimmenden Spannungen. In Phil.4,2 werden zwei Personen in Philippi namentlich angesprochen und ermahnt, eines Sinnes zu sein. Darüber hinaus findet sich diese Ermahnung in den Paulusbriefen nicht; d.h. so gut wie überall, wo sie begegnet, bezieht sie sich auf konkrete Zwistigkeiten, von denen Paulus gehört hat. Das alles spricht dafür, daß die Ermahnung zur Einmütigkeit auch hier einen konkreten Hintergrund hat. Worum es freilich bei diesen Zwistigkeiten ging, läßt sich nicht mehr erkennen. Man gewinnt den Eindruck, daß Paulus hier selbst nicht genau orientiert ist. Er hat offenbar von Spannungen gehört, kann diese aber nicht genau fassen und einordnen. Andernfalls würde er doch wohl, wie im 1.Korintherbrief, präziser darauf antworten.

Da Paulus keine konkreteren Informationen hat, muß er sich mit einem beschwörenden Appell zur Einmütigkeit begnügen und verbindet diesen mit der Mahnung zu Demut und Selbstlosigkeit. Die Verbindung von Mahnung zur Einmütigkeit und Mahnung zur Demut findet sich auch in Röm.12,16; aber für diese Verbindung gibt es auch einen sachlichen Grund, der beachtet sein will: Uneinigkeit blüht zumeist da, wo Selbstsucht und Ehrgeiz herrschen, wo jeder nur auf das Seine sieht und mehr sein möchte als der andere. Daß sich nicht alle theologischen Differenzen und Streitigkeiten auf persönliche Eitelkeit reduzieren lassen, ist natürlich klar, und Paulus kann, wo es um die Wahrheit des Evangeliums geht, dann auch ganz anders reden! Aber es ist doch auch unübersehbar, wie oft in der Christenheit bei Uneinigkeit und Spaltungen menschlicher Ehrgeiz und Eitelkeit eine verhängnisvolle Rolle gespielt haben.

2,5–11   Das Verhalten Christi

5 Seid so gesinnt, wie es (dem Leben) in Christus Jesus (entspricht):

6 (Er,) der in göttlichem Dasein lebte,
hielt nicht gierig daran fest, Gott gleich zu sein,

7 sondern entäußerte sich selbst,
nahm ein Sklavendasein an,

er wurde den Menschen gleich
und durch seine Erscheinung als Mensch erwiesen.

8 Er erniedrigte sich selbst
und wurde gehorsam bis zum Tod – zum Tod am Kreuz –.

9 Darum hat Gott ihn auch über alles erhöht
und ihm den Namen über alle Namen verliehen,

10 damit vor dem Namen Jesu «jedes Knie sich beugt»
der himmlischen, irdischen und unterirdischen (Mächte)

11 «und jede Zunge bekennt:»
Herr ist Jesus Christus – zur Ehre Gottes des Vaters –.

V.5. Der Abschnitt beginnt mit dem Imperativ «seid so gesinnt ...» und setzt damit die vorangehende Ermahnung fort. Ermahnte V.1–4 zu Einmütigkeit und selbstloser Demut, so verweist nun V.5–11 auf Weg und Verhalten Jesu, wobei seine Selbstentäußerung und Erniedrigung im Vordergrund stehen. Die Beziehung zur vorangehenden Ermahnung wird vor allem daran deutlich, daß im griechischen Text der Begriff, den wir in V.3 mit «Demut» übersetzten, in V.8 wieder auftaucht: «er erniedrigte sich». Doch heißt das nicht, daß Jesus einfach als Vorbild hingestellt werden solle. Die alte Lutherübersetzung von V.5 («Ein jeglicher sei gesinnt, wie Jesus Christus auch war») könnte dieses Mißverständnis hervorrufen. Doch ist diese Übersetzung unzutreffend. Sie übersieht, daß das «in Christus Jesus» bei Paulus eine feste formelhafte Wendung zur Bezeichnung des mit Christus gegebenen Heilsbereiches ist, es also nicht um die Gesinnung geht, die Jesus auch hatte, sondern um die Gesinnung, die «in Christus Jesus» gilt, die durch das Heilsgeschehen begründet ist, die im Bereich des Christus angemessen ist. Was Jesus getan hat, hat uns die

Möglichkeit eröffnet, uns selbst loszulassen und für andere da zu sein. Sein Verhalten ist damit zunächst einmal der Grund, aber dann auch Norm und Maßstab christlichen Seins. Insofern ist also der Vorbildgedanke durchaus eingeschlossen – wie sich der Vorbildgedanke ja auch sonst bei Paulus findet (vgl. Röm.15,7; 1.Kor.11,1) –, aber Jesus ist dabei nicht einfach das Ideal, dem die Christen nachstreben sollen, sondern zugleich der, der das neue Denken und Handeln der Glaubenden begründet und ermöglicht hat.

Das Besondere ist es aber, daß Paulus nun einen Hymnus zitiert. Daß Paulus hier nicht selbst formuliert, sondern ein festgefügtes Überlieferungsstück bringt, merkt man an folgendem: 1. Wie andere hymnische und liturgische Stücke beginnt V.6 mit einem Relativsatz, der an den Christusnamen anknüpft (ähnlich 1.Tim.3,16; Kol.1,15; 1.Petr.2,22; Hebr.1,3). 2. Der Zusammenhang von 1,27–2,18 enthält Ermahnungen (Paränese). Der Abschnitt 2,6–11 ist aber nur lose mit diesem paränetischen Zusammenhang verknüpft und geht inhaltlich weit über ihn hinaus, denn die Ermahnung ist ja nur an Jesu Selbstentäußerung interessiert, der Hymnus spricht aber auch von seiner Erhöhung, seiner Einsetzung in eine neue Herrschaftsstellung und -würde (= Inthronisation) und der anbetenden Anerkennung dieser Würde (= Akklamation) durch die Mächte. 3. Er enthält eine Reihe von Begriffen, die Paulus sonst nicht zu gebrauchen pflegt. 4. Auch inhaltlich zeigen sich einige Unterschiede zur Theologie des Paulus. So wird nicht das «für uns» des Todes Jesu herausgestellt, und statt von Jesu Auferstehung wird von seiner Erhöhung gesprochen. 5. Schließlich ist der Abschnitt strenger gefügt und sorgfältiger geformt, läßt Rhythmus und Zeilen erkennen und an einigen Stellen auch einen klaren Parallelismus der Glieder, wie er sich in der orientalischen Dichtung findet. Hat Paulus einen frühchristlichen Hymnus aufgenommen, so stellt sich die Frage, wie dieser ursprünglich gegliedert war und ob sich etwa paulinische Eingriffe oder Zusätze erkennen lassen. Beide Fragen hängen miteinander zusammen und haben zu mancherlei Versuchen und Hypothesen, aber kaum zu allseits befriedigenden Ergebnissen geführt. Doch spricht vieles dafür, daß die Worte «zum Tod am Kreuz» in V.8 und die Worte «zur Ehre Gottes des Vaters» in V.11 von Paulus hinzugefügt wurden. Deutlich ist auch geworden, daß der Hymnus nicht in drei, sondern allenfalls in zwei Strophen gegliedert werden kann. Denn der einzige Einschnitt liegt bei Vers 9. Hier liegt nicht nur die Kehre im Ablauf des Geschehens, indem die Erniedrigung umschlägt zur Erhöhung, sondern hier findet auch der einzige Subjektwechsel im Hymnus statt: während vorher Jesus das handelnde Subjekt war, ist es von V.9 an Gott. Klar ist inzwischen auch geworden, daß der Hymnus ursprünglich griechisch verfaßt war. Man hat zwar verschiedentlich gefragt, ob er nicht aus der palästinischen Urgemeinde stammen und also ursprünglich aramäisch verfaßt gewesen sein könnte, und ihn deshalb ins Aramäische zurückzuübersetzen versucht. Doch konnten diese Versuche nicht überzeugen; denn zur Frage steht nicht, ob der Hymnus ins Aramäische übersetzt werden kann – das ist bei jedem neutestamentlichen Text möglich –, sondern ob die besonderen sprachlichen Eigenarten dieses Textes diese Annahme erlauben oder nicht. Und hier hat sich gezeigt, daß seine sprachlichen Eigenarten eine Übersetzung aus dem Aramäischen ausschließen, der Hymnus also ursprünglich griechisch verfaßt gewesen sein muß.

Der Hymnus redet von einem dramatischen Geschehen. Daß das entscheidende Subjekt dieses Geschehens Jesus ist, wird zwar erst in V.10 gesagt, ist aber von Anfang an nicht zweifelhaft, weil der Einsatz mit dem Relativpronomen «der» auf eine vorangehende Nennung Jesu zurückweist. Von ihm wird ein Weg beschrieben, der von göttlicher Höhe bis zur äußersten Tiefe des Menschseins, bis zum Tod, und dann wieder erneut zur Höhe göttlicher Ehren führt, wobei die Erhöhung Gottes Antwort auf seine Erniedrigung ist.

V.6. Das erste Zeilenpaar spricht von dem Präexistenten, der schon vor seiner irdischen Existenz in göttlichem Dasein lebte. Es ist damit nicht seine Gestalt oder Aussehen, auch nicht (wie 1.Mos.1,26) die Gottebenbildlichkeit, sondern, wie sich aus dem Parallelismus der zweiten Zeile ergibt, sein Gott-gleich-Sein, sein göttliches Wesen gemeint. Daran hielt er nicht gierig fest. Uns ist dieser Satz geläufig in der Übersetzung «hielt er's nicht für einen Raub, Gott gleich sein». Aber was soll damit gemeint sein? Daß er nicht wie Adam (1.Mos.3,5) die Gottgleichheit rauben wollte? Oder daß er an der Gottgleichheit nicht wie an einem Raub festhalten wollte? Nun hat sich gezeigt, daß im Griechischen hier eine Redensart aufgegriffen ist, bei der gar nicht so sehr das Wort «Raub» betont ist, sondern vielmehr der Gedanke des Ausnutzens und gierigen Festhaltens an etwas, vergleichbar unserer Redensart «etwas für ein gefundenes Fressen halten». Er hielt also nicht gierig an dem fest, was er war und hatte. Damit markiert das erste Zeilenpaar die kontraststarke Folie zur folgenden Aussage.

V.7f. In einer Fülle von Wendungen wird nun der Weg dieses Gottwesens in die Tiefe beschrieben: «entäußerte sich ... nahm Sklavendasein an ... den Menschen gleich ... als Mensch erwiesen ... erniedrigte sich ... wurde gehorsam bis zum Tod ...» Die auffallende Häufung der Wendungen zeigt, daß hier das eigentliche Heilsgeschehen umschrieben wird, auf dem das Gewicht des Hymnus liegt. Dabei sollen die einzelnen Ausdrücke sich offenbar gegenseitig erläutern. Der Präexistente «entäußerte sich». Das kann sich nur auf sein zuvor genanntes Leben in göttlicher Daseinsweise und Gott gleicher Stellung beziehen. Er gibt sein Leben in der Daseinsweise Gottes auf und wird Mensch, wie die folgenden Zeilen zeigen, die dieses Geschehen als ein Den-Menschen-gleich-Werden, Als-Mensch-erwiesen-Werden umschreiben. Hier wird also von seiner Menschwerdung gesprochen, die aber nicht eine bloße Verkleidung ist – wie etwa in der griechischen Mythologie Götter in Menschengestalt auf die Erde kommen – sondern Entäußerung, Preisgabe seiner göttlichen Daseinsweise und Stellung. Und zwar entäußert er sich selbst, d.h. er gibt dies freiwillig preis, er wird dazu nicht gezwungen. Der Verlust gottgleicher Stellung kommt nicht als ein Schicksal über ihn, er wird nicht erniedrigt, sondern er erniedrigte sich selbst. Weil sein Weg in die Tiefe ein freiwilliger Weg ist, darum kann er als Gehorsam bezeichnet werden. Weiter fällt auf, daß sein Menschsein hier als «Sklavendasein» bezeichnet wird. Damit ist nicht gemeint, daß er ein Sklave im sozialen Sinn geworden sei; es ist auch nicht an eine Anspielung auf den «Knecht» Jahwes von Jes.53 zu denken. Vielmehr ist das Menschsein selbst hier als Sklavendasein verstanden, wie wir das auch sonst im Neuen Testament und in der hellenistischen Spätantike finden. Der Mensch ist versklavt unter die Mächte des Schicksals, der Sünde und des Todes. Jesu Menschwerdung meint nicht, daß er das Menschsein in seiner Höhe und schöpfungsgemäßen Schönheit kennenlernen wollte, sondern daß er das ganze, unter Elend und Tod versklavte Menschendasein auf sich nahm und uns hier in der Tiefe unserer Not solidarisch wurde. Darum ist auch nicht wahrscheinlich, daß die Worte «den Menschen gleich» in V.7 eine leichte Einschränkung ausdrücken sollen. Was wir mit «gleich» übersetzten, kann zwar auch die «Ähnlichkeit» bezeichnen, und Paulus benutzt diesen Begriff in Röm.8,3 um Jesu Annahme der Menschheit doch zugleich von einer Übernahme menschlicher Sündhaftigkeit zu differenzieren. Aber im Hymnus wird von der Sünde, die eine solche Differenzierung nahelegen könnte, nicht gesprochen, und die parallele Aussage der nächsten Zeile zeigt, daß vielmehr die Gleichheit betont werden soll: er wurde ganz und gar Mensch. Dieser Weg Jesu führt bis zur äußersten Tiefe: «er wurde gehorsam bis zum Tod ...» Gerade hier fällt auf, daß sein Tod nicht als Sühneopfer für unsere Sünde zur Sprache gebracht wird, sondern als die äußerste Konsequenz seiner Erniedrigung und seines Gehorsams in den Blick gefaßt ist: seine Menschwerdung bedeutet, daß er bis in die letzte Tiefe hinein mit uns solidarisch wurde. Möglicherweise sind die Worte «zum Tod am Kreuz» ein erläuternder Zusatz des Apostels Paulus, der damit nicht nur die Ungeheuerlichkeit dieses Geschehens unterstreicht, sondern damit zugleich den Hymnus seiner Kreuzestheologie zu adaptieren versucht. Denn nirgendwo sonst in der Frühchristenheit wird die besondere Bedeutung dessen, daß Jesus gerade am Kreuz (und nicht etwa anders) starb, so zu erfassen gesucht wie bei Paulus (vgl. 1.Kor.1,17f.23; 2,2; Gal.3,13; 5,11; 6,14). Gerade der Tod am Kreuz ist der Ausdruck des vollendeten Gehorsams.

Mit **V.9** beginnt die zweite Strophe des Hymnus. War vorher der Präexistente das Subjekt des Geschehens und dieses ganz vom Leitmotiv der Erniedrigung bestimmt, so ist jetzt Gott das handelnde Subjekt, und das beherrschende Leitmotiv ist die Erhöhung des Erniedrigten und Gehorsamen. Durch das «Darum» zu Beginn von V.9 werden nicht nur die beiden Strophen miteinander verbunden, sondern es wird auch die gehorsame Erniedrigung als der Grund für die Erhöhung bezeichnet. Dadurch wird das vorangehende Geschehen noch einmal betont. Wie die erste Strophe auf die Frage nach dem Warum seiner Erniedrigung antwortete: aus freiem Willen, so wird jetzt auf die Frage nach dem Grund für seine Erhöhung geantwortet: weil er der Erniedrigte und Gehorsame ward. Die Erhöhung ist Gottes Antwort auf die gehorsame Erniedrigung. Das heißt aber, daß die Erscheinung des Gehorsamen und Erniedrigten das eigentliche heilschaffende Ereignis ist, auf das Gott nun antwortet. Und zwar erhöht Gott ihn zum Herrn über den ganzen Kosmos. «Man muß sofort die Pointe erfassen: Dem Gehorsamen fällt die Welt zu. Der Gehorsame hebt die Welt aus den Angeln»[6]. Gott hat ihn «über alles erhöht». Die Steigerung, die hier im griechischen Text ausgedrückt ist, läßt sich im Deutschen nur schwer wiedergeben und will offenbar sagen, daß diese Erhöhung nicht nur Wiederherstellung seines früheren Zustandes in göttlicher Daseinsweise bedeutet, sondern ihm mehr gibt, als er vorher besessen hatte. Wie die Fortsetzung zeigt, besteht dieses Mehr in der Verleihung des Namens. Dabei ist sofort deutlich, daß der Name hier nicht bloß Schall und Rauch ist. In der Antike ist der Name untrennbar mit dem Wesen seines Trägers verbunden, er kennzeichnet die Würde und Stellung seines Trägers. Der Name, der alle Namen übertrifft, meint also die Verleihung einer Würde und die Einsetzung in eine Stellung, die schlechterdings souverän über allen Mächten, Namen und Würdestellungen steht. Was damit gemeint ist, wird aber erst richtig deutlich, wenn man sieht, daß der Hymnus bei dem in V.9–11 dargestellten Geschehen Elemente des antiken Thronbesteigungs-Zeremoniells aufgreift und verwendet. Zu diesem verbreiteten Zeremoniell gehören die Inthronisation und Einsetzung in die neue Machtstellung, die Namensverleihung und die Akklamation durch den Hofstaat. Entsprechend wird hier die Inthronisation des Erniedrigten und Gehorsamen zum neuen und letztgültigen Herrscher der Welt dargestellt. Zu dieser Inthronisation gehört die Verleihung des Namens, der über alle Namen ist, und die Akklamation.

---

[6] G. Eichholz, Die Theologie des Paulus im Umriß, Neukirchen 1972, S. 145.

V.10f. Diese Akklamation wird in den beiden nächsten Versen geschildert. Sie geschieht dadurch, daß jedes Knie «der Himmlischen, Irdischen und Unterirdischen» vor dem Namen Jesu sich beugt, d.h. unter Anrufung des Namens Jesu huldigend in die Knie sinkt und die Herrschaft Jesu Christi anerkennt. Aber wie soll man sich das vorstellen, und wann soll diese Huldigung stattfinden, bei Jesu Erhöhung oder am Jüngsten Tag bei der Aufrichtung der Herrschaft Gottes? Und wer ist mit den «Himmlischen, Irdischen und Unterirdischen» gemeint? Da diese Dreiergruppe sonst bei Paulus nicht vorkommt, wird man hier nicht an einen paulinischen Zusatz denken dürfen; die Worte werden vielmehr zum ursprünglichen Hymnus gehört haben. Häufig nahm man an, daß diese Dreiergruppe die Engel im Himmel, die Menschen auf der Erde und die Abgeschiedenen im Totenreich meine. Dann müßte sich es um einen noch ausstehenden, eschatologischen Vorgang handeln; denn die Toten können doch wohl erst nach der Auferstehung vor Jesus huldigend niederfallen. Doch ist dies nicht sehr wahrscheinlich; denn man müßte dann die Akklamation zeitlich von der Inthronisation trennen. Wir sahen ja, daß der Hymnus Elemente des antiken Thronbesteigungs-Zeremoniells mit Inthronisation, Namensverleihung und Akklamation aufgenommen hat. Bei den vergleichbaren Texten gehört aber die Akklamation zum Zeremoniell selbst hinzu. Das bedeutet aber für unseren Hymnus, daß die kniefällige Huldigung und die Anerkennung der Herrschaft Jesu zu seiner Erhöhung gehört und mit ihr gleichzeitig zu denken ist. Die «Himmlischen, Irdischen und Unterirdischen» sind dann, wie zahlreiche antike Belege zeigen, die Geistermächte, die den dreigeteilten Kosmos beherrschen und repräsentieren. Wie die übrige Antike, so sieht auch das antike Judentum und das Frühchristentum den Kosmos von guten oder bösen Mächten, Engeln oder Dämonen bevölkert, Mächte, die die verschiedenen Bereiche des Kosmos bestimmen und ihre Repräsentanten sind. Als die Repräsentanten des gesamten Kosmos fallen die Mächte vor Jesus auf die Knie und sprechen das Bekenntnis: «Herr ist Jesus Christus», d.h. sie erkennen Jesus als ihren Herrn an, unterwerfen sich feierlich und rechtskräftig ihm als ihrem Herrn. Mit ihrer Akklamation unterwerfen sich die Mächte der Welt dem Erniedrigten und Gehorsamen und räumen ihm alle Macht ein, die sie bisher in Aufruhr gegen Gott usurpiert hatten. Damit ist der Mensch nun nicht mehr den dunklen Mächten des Schicksals, des Verhängnisses und des Todes ausgeliefert, denn die Welt ist jetzt in den Händen des Erniedrigten und Gehorsamen. Für den von Daseinsangst und Schicksalsfurcht umgetriebenen Menschen der Antike wird damit die Auferstehung Jesu zu dem befreienden Ereignis. Die Aussage unseres Hymnus tritt damit in eine Linie mit der einer ganzen Reihe anderer frühchristlicher Hymnen und liturgischer Stücke, die gleichfalls die Auferstehung Jesu als seine Einsetzung zum Herrn über die Mächte des Kosmos feiern: Gott hat ihn zu seiner Rechten erhoben «hoch über alle Fürsten und Gewalten, Mächte und Herrschaften und über jeden Namen ... Alles hat er ihm zu Füßen gelegt ...» (Eph.1,21; vgl. 1.Petr.3,22; Hebr.1,3f). Welche Bedeutung und Reichweite das in den Gottesdiensten der Gemeinde gesprochene Bekenntnis «Herr ist Jesus» hat (Röm.10,9; 1.Kor.12,3), wird hier zu entfalten versucht. Dabei zitiert unser Hymnus in V.10a und V.11a ein Stück weit Jes.45,23 (nach der in der Frühchristenheit üblichen griechischen Übersetzung), wo mit Bezug auf die Feinde (!) Gottes gesagt wird, daß sich ihm «alle Knie beugen» müssen und «jede Zunge bekennen» soll ... Was dort im Blick auf Gott gesagt wird, das wird im Hymnus auf Jesus übertragen. Aber in Jes.45,23 ist das eine Zukunftserwartung: in der Endzeit, bei der Vollendung werden einmal alle Feinde Gottes ihre Knie vor ihm beugen müssen. In Phil.2 dagegen ist es eine Aussage über die Gegenwart, die durch die Erhöhung Jesu bestimmt ist: die Heilszeit hat mit Jesu Auferstehung bereits begonnen. Was dort erhofft und erwartet wurde, ist jetzt eingetreten und erfüllt, und an die Stelle, die in Jes.45,23 Jahwe inne hatte, ist nun Jesus getreten. Die Macht und Herrschaft, die Jes.45 am Ende der Zeit für Jahwe erwartet, übt nun Jesus Christus aus. Das heißt nicht, daß Jesus Gott verdrängt hätte – Gott ist es ja, der ihn dazu erhöht hat! –, aber Jesus übt nun die Funktion aus, die in Jes.45 Gott hat; Gott handelt nun nicht mehr anders als durch Jesus, er hat seine Herrschaftsausübung an ihn delegiert, und darum geschieht dies alles auch «zur Ehre Gottes des Vaters». Die letzten Worte sind möglicherweise von Paulus zugefügt worden; Paulus pflegt öfters mit einem «zur Ehre Gottes» abzuschließen (vgl. Röm.15,7; Phil.1,11).

Exkurs: Das theologische und religionsgeschichtliche Problem des Christus-Hymnus

Es sind sehr auffallende Aussagen, die hier über Jesus gemacht werden: seine Präexistenz in Gottgleichheit, seine Menschwerdung und Entäußerung bis zum Tod und seine Erhöhung und Einsetzung zum Herrn über alle Mächte. Sie sind umso auffallender, als sie hier in einem vorpaulinischen Hymnus, also in einem relativ alten Traditionsstück begegnen. Phil.2,6–11 dürfte wohl der älteste Text sein, der von Jesus die Präexistenz und Menschwerdung (=Inkarnation) aussagt. Gerade weil wir es mit einem so alten Text zu tun haben, entsteht die Frage, wie es zu diesen Aussagen über Jesus gekommen ist. Denn die älteste Gemeinde wußte noch nichts von Jesu Präexistenz, Gottgleichheit und Menschwerdung. Man suchte vielmehr die Heilsbedeutung Jesu dadurch auszudrücken, daß man ihn als den kommenden Menschensohn bezeichnete, dem Gott das Gericht übergeben hat, und seine Auferstehung als seine Einsetzung zum Messias (=Christus) und Gottessohn verstand. In hellenistisch-judenchristlichen Gemeinden verstand man bald auch seine Gottessohnschaft nicht mehr nur als eine Aussage über die ihm verliehene Rechtsstellung, sondern als Aussage über sein göttliches Wesen und legte ihm den in hellenistischen Kulten beheimateten Titel «Herr» (Kyrios) bei. Aber von diesen christologischen Aussagen und Vorstellungen führt noch kein selbstverständlicher und direkter Weg zu den Präexistenz- und Inkarnationsaussagen von Phil. 2,6–11. Wie kam es zu dieser Entwicklung? Welche Überlegungen, welche Zwischenglieder, Einflüsse und Vorstellungen haben dazu geführt, daß die frühe Christenheit ihre christologische Aussage in diese Form brachte?

Man hat gemeint, die besonderen Aussagen unseres Hymnus als Beeinflussung durch die Gottesknechtlieder in Jes.42–53 erklären zu können. Der Gottesknecht von Jes.53 erfährt Erniedrigung bis zum Tod und wird von Gott wieder erhöht. Zweifellos teilt unser Hymnus mit Jes.53 den Zusammenhang von Erniedrigung und Erhöhung. Aber dieser Zusammenhang von Erniedrigung und Erhöhung ist allgemein-biblisch (vgl. etwa 1.Sam.2,6f.), und die darüber hinausgehenden Besonderheiten des Hymnus lassen sich von den Gottesknechtliedern her nicht erklären. Denn «Knecht Jahwes» ist dort eben doch ein Würdetitel (Jes.49,6; 45,4); in Phil.2,7 nimmt Jesus zwar das Dasein eines Sklaven (=Knechtes) an, aber das bezeichnet gerade den Verzicht auf die Würde, die er vorher hatte. Vor allem aber ist der «Knecht Jahwes» kein gottgleiches, präexistentes Wesen.

Auch eine Beeinflussung von der apokalyptisch-jüdischen Menschensohnerwartung her kann nicht erklären, wie es zu den Aussagen von Phil.2,6–11 kam. In den Bilderreden des äthiopischen Henochbuches wird der erwartete Heilbringer verschiedentlich als «Menschensohn» bezeichnet und von ihm eine himmlische Präexistenz ausgesagt; er wurde schon vor der Erschaffung der Welt auserwählt und im Himmel verborgen (Hen.48,3.6; 62,7). Da der Hymnus von dem Erniedrigten aussagt, daß er «wie ein Mensch» wurde, meinte man einen Einfluß dieser Menschensohnvorstellung annehmen zu können, umsomehr, als der Menschensohntitel ja in den Evangelien eine erhebliche Rolle spielt. Gleichwohl läßt sich das Entscheidende damit nicht erklären. Denn der Menschensohn des äthiopischen Henochbuches hat zwar eine gewisse Präexistenz; aber er ist ein erschaffenes Wesen, eben ein Mensch, und gerade kein gottgleiches Wesen, das Mensch wird. Er kennt auch keine Erniedrigung mit folgender Erhöhung. Diese Einwände gelten auch gegenüber anderen Ausprägungen des Präexistenzgedankens im antiken Judentum. Das rabbinische Judentum kann von verschiedenen heilsbedeutenden Größen – wie dem Gesetz, dem Thron der Herrlichkeit, dem Paradies oder dem Namen des Messias – eine Präexistenz in den Gedanken Gottes behaupten. Aber nirgends geht es um ein gottgleiches Wesen, das sein göttliches Dasein verläßt. Weit eher lassen sich die frühchristlichen Präexistenzaussagen auf dem Hintergrund der jüdischen Weisheitsspekulation verstehen. Denn die göttliche Weisheit dachte man sich nicht nur als ein neben Gott bestehendes präexistentes Wesen, vor dem Anfang der Zeit erschaffen (Spr.8,22f.; Sirach 24,9), sondern zugleich als ein Abbild des göttlichen Wesens (Weish.7,25f.). Schon früh hat man offenbar Jesus mit der göttlichen Weisheit identifiziert (vgl. Luk.7,35; 11,49), und daher Eigenschaften der Weisheit auf Jesus übertragen.

Ließe sich dann nicht Phil.2,6–11 einfach als eine Kombination von weisheitlichem Präexistenzdenken einerseits und Erhöhungsvorstellung andererseits verstehen? Aber das eigentlich Charakteristische des Hymnus wäre damit gerade noch nicht erfaßt. Denn dem Hymnus geht es ja nicht primär um die Aussage der Präexistenz Jesu, sondern um die Erniedrigung eines gottgleichen Wesens mit nachfolgender Erhöhung; die Präexistenz bildet dabei nur die Folie für die primär betonte Erniedrigung. Wenn es für dieses Schema – Entäußerung und Erhöhung eines göttlichen Wesens – nicht bereits ein Vorstellungsmodell gab, an das die Christen anknüpfen konnten, ist die frühe Entstehung unseres Hymnus kaum verständlich. Denn man müßte dann annehmen, daß sich der Präexistenzgedanke bereits so verfestigt hatte, daß die Gemeinde von ihm gar nicht mehr absehen konnte, wenn sie von Jesu Erniedrigung reden wollte; das ist aber in einem so frühen Stadium nicht wahrscheinlich. Nun gibt es aber in der Tat ein derartiges Vorstellungsmodell in dem Mythos vom Urmensch-Erlöser, wie er sich in bestimmten frühgnostischen Texten, wie in dem berühmten Lied von der Perle und dem Traktat Poimandres findet, die beide eine noch nicht vom Christentum beeinflußte Gnosis vertreten. Hier kennt man einen göttlichen Erlöser, der, aus dem Vaterhaus ausgesandt, seinen Reichtum aufgibt und sein himmlisches Strahlenkleid auszieht (Act.Thom.108,9) und in die Welt der Materie hinabsteigt, um die dort gefangenen Seelen zu befreien, und schließlich wieder in himmlische Herrlichkeit zurückkehrt. Hier finden wir also deutlich Abstieg und Aufstieg eines göttlichen Erlösers, von dem im Poimandres-Traktat auch ausdrücklich das Gott-gleich-Sein ausgesagt wird. Hinzu kommt, daß in diesen Schriften ebenso wie in unserem Hymnus das Wesen des Menschenlebens als Versklavtsein unter den Mächten verstanden wird. Die Nähe zu Phil.2,6–11 ist nicht zu übersehen. Liegt also in Phil.2,6–11 ein Mythos vor? Die Angst, daß dann alles ins Wanken geraten und das Christentum als heidnisch verderbt und entartet erscheinen könnte, wenn der Hymnus durch den Urmenschmythos beeinflußt sein sollte, läßt viele vor diesem Gedanken zurückschrecken. Diese Angst mag auch oft der Grund sein, unter allen Umständen einen alttestamentlich-jüdischen Hintergrund zu suchen auch da, wo die Nähe zum Hellenismus weit deutlicher ist. Aber wenn wir feststellen, daß bestimmte Vorstellungen aus dem Mythos übernommen wurden, dann heißt das keineswegs, daß der Hymnus einen Mythos erzählt. Denn unübersehbar sind auch die Unterschiede zwischen unserem Hymnus und dem Mythos. Der Mythos weiß zwar von Abstieg und Aufstieg eines göttlichen Wesens, aber nichts von wirklicher Menschwerdung, Inkarnation. Der Hymnus spricht von einer historischen Person, dem Menschen Jesus von Nazareth, gekreuzigt unter Pontius Pilatus. Der Mythos dagegen erzählt von einem urzeitlichen Vorgang, der sich immer in jedem Menschen wiederholt, und sucht damit die Struktur und das Wesen des Seienden zu deuten, indem er die ewige Wiederkehr des Gleichen erzählt. Der Hymnus dagegen berichtet von einem einmaligen Geschehen, in dem Gott heilbringend gehandelt hat. Er greift dabei zwar Elemente des Mythos auf – genauer: er greift einzelne Vorstellungen des Mythos auf –, aber er verwendet sie anders, er stellt sie in den Dienst der Bezeugung eines geschichtlichen Ereignisses. Man mag vielleicht fragen, warum er die Elemente des Mythos dann überhaupt aufgreift? Die Antwort ist einfach: Weil er die Sprache des Hörers aufgreift. Er kann dem Hörer nichts bezeugen und nichts verständlich machen, wenn er nicht die Sprache und die Vorstellungen des Hörers aufgreift. Ob diese Vorstellungen und Begriffe nun alttestamentlich-jüdische oder hellenistische oder gnostische sind, ändert nichts Entscheidendes. Der Zeuge muß im einen wie im anderen Fall die Sprache des Hörers aufgreifen. Und der Theologe muß im einen wie im anderen Fall zwischen Sprache und intendierter Sache unterscheiden. Sprache und gemeinte Sache sind weder im einen noch im anderen Fall identisch. Darum wird auch der Mythos nicht ungebrochen als Ganzer übernommen, sondern nur einzelne Vorstellungen daraus, und diese werden in einen anderen Zusammenhang gestellt und dadurch korrigiert. Am deutlichsten wird das daran, daß der Mythos keine wirkliche Menschwerdung kennt.

Der Hymnus greift die Sprache des Hörers auf und benutzt bestimmte mythische Vorstellungen, um auszusagen, was das Christus-Geschehen bedeutet. Wir haben also danach zu fragen, was das mit der Aufnahme solcher Vorstellungen Gemeinte ist. Welche theologische Notwendigkeit drängte die frühe Christenheit dazu, den Präexistenzgedanken – sei es aus der Weisheitsspekulation, sei es aus dem Urmensch-mythos – aufzugreifen und auf Jesus zu übertragen? Offensichtlich soll dadurch das Christusgeschehen als Offenbarungsgeschehen verstehbar gemacht werden: Nicht irgend ein Mensch, sondern Gott selbst handelte hier zum Heil der Welt. Dazu kommt, daß der Präexistenzgedanke auf unmißverständliche Weise deutlich machen kann, daß alle Initiative, alle Aktion bei diesem Heilsgeschehen von Gott ausgeht. Hier steht am Anfang nicht der Mensch, sondern allein Gott. Der Heilsratschluß ist auch keine ungewisse Laune, die Gott im Lauf der Zeit eben einmal kam, sondern er ist in Gottes Ewigkeit begründet; denn Gott war schon von Ewigkeit her mit Christus zusammen und also des Menschen Erlöser. Das ist eine Aussage, der man Legitimität nicht absprechen kann, die aber nur durch die Aufnahme der – mythologischen – Präexistenzvorstellung möglich ist.

In unserem Hymnus ist die Präexistenz in Gottgleichheit freilich nur der Hintergrund, die Folie des nun folgenden Geschehens: Der in der Daseinsweise Gottes lebte, erniedrigte sich, wurde Mensch und wurde gehorsam bis zum Tod. Das ist eine Aussage, die der Mythos so gerade nicht macht, und hier liegt der Akzent des Hymnus. Daß der Höchste der Niedrigste wird, das ist das Wunder, das der Hymnus besingt. Weil der Gottgleiche seinen Besitzstand nicht gierig festhielt, sondern sich erniedrigte und in die Begrenztheit menschlicher Existenz einging, darum wird menschliche Existenz neu möglich, Leben, das befreit ist von der Sklaverei unter den Mächten der Welt. Denn der Erniedrigte wurde erhöht, eingesetzt zum Kyrios, dem alle Mächte und Gewalten unterworfen sind.

Diese Unterwerfung der Mächte ist nach dem Zusammenhang des Hymnus bereits mit Jesu Auferstehung und Erhöhung geschehen, ist also für die Gemeinde schon Gegenwart. Mit diesem Akzent trifft er sich mit einer Reihe anderer neutestamentlicher Texte, die gleichfalls die bereits vollzogene Unterwerfung der Mächte bezeugen. Typisch ist Mat.28,18, wo der Auferstandene (!) sagt: «Mir ist gegeben alle Gewalt im Himmel und auf der Erde» (vgl. auch Eph.1,20; 1.Petr.3,22 u.ö.). Weil die Mächte seit der Erhöhung Christi entmachtet sind, darum sind die Glaubenden ihrer Herrschaft entnommen, frei von der Sklaverei der Mächte. Dieser Impetus bestimmt die ganze urchristliche Mission: Die Äonenwende ist geschehen, die Mächte sind entthront, Herr ist Jesus Christus. Hier liegt eine Differenz zwischen dem Hymnus und den sonstigen Aussagen des Paulus. Denn wo Paulus nicht zitiert, sondern selbst formuliert, spricht er so nicht; da ist für ihn die Überwindung der Mächte noch kein Perfekt, sondern steht noch aus. Wo ihm – wie in Korinth – eine schwärmerische Vorwegnahme der Heilszeit in einer schon gegenwärtig gefeierten Herrschaft Christi begegnet, macht er einen einschränkenden Vorbehalt geltend: Wohl ist das Entscheidende mit der Auferstehung Christi bereits geschehen, aber die Mächte sind noch nicht verschwunden: der letzte Feind, der überwunden wird, ist der Tod. Erst wenn auch der Tod als letzter Feind überwunden ist, gehört alle Macht Jesus Christus, der sie dann dem Vater übergibt (1.Kor.15,20–28). Denn wenn der Tod und die noch bestehenden äußeren Versklavtheiten des Menschen übersehen und von Christi Herrschaft ausgegrenzt würden, dann würde die Gegenwart illusionär verstanden, das Heil spiritualisiert, Gottes Herrschaft auf die menschliche Innerlichkeit eingegrenzt; Gott wäre dann nicht mehr der Erlöser des ganzen, leiblichen Menschen, Gott wäre nicht mehr wirklich Gott. Hier, in der Bestimmung von Gegenwart und Zukunft im Blick auf die Unterwerfung der Mächte, liegt also eine gewisse Differenz zwischen Paulus und dem Hymnus. Doch ist diese offensichtlich nicht so schwerwiegend, daß Paulus nicht den Hymnus zitieren kann. Er sieht sich nicht überall in antienthusiastischer Frontstellung, und auch für ihn ist ja das Entscheidende mit Jesu Auferstehung bereits geschehen, und also Gegenwart.

2,12–18   Zusammenfassende Ermahnungen

12 Deshalb, meine Lieben, wie ihr ja immer gehorsam wart – nicht nur in meiner Anwesenheit, sondern jetzt noch viel mehr bei meiner Abwesenheit –: Müht euch um euer Heil mit Furcht und Zittern. 13 Denn Gott ist es, der in euch das Wollen und Vollbringen bewirkt nach (seiner) Huld. 14 Tut alles ohne Murren und Zweifel, 15 damit ihr rein und ohne Tadel seid, Kinder Gottes ohne Makel mitten in «einer verkehrten und verirrten Generation», in der ihr leuchtet wie Lichter in der Welt. 16 Haltet am Wort des Lebens fest, mir zum Ruhm für den Tag Christi; denn dann bin ich nicht umsonst gelaufen und habe mich nicht umsonst abgemüht. 17 Aber selbst wenn ich mein Leben lassen muß beim Opferdienst für euren Glauben, bin ich doch froh und freue mich mit euch allen. 18 Ebenso sollt auch ihr euch freuen und euch mitfreuen mit mir.

V.12. Der Abschnitt bringt die Ermahnungen zum Abschluß. Das einleitende «Deshalb» zieht aus dem Vorangehenden zusammenfassend die Schlußfolgerung und greift auf die Ermahnungen von 1,27–2,4, vor allem aber auf den unmittelbar vorangehenden Hymnus V.6–11 zurück. Deshalb, weil das zuvor Gesagte gilt, weil die zeitenwendende Manifestation des Gehorsamen geschehen ist, weil der Höchste sich erniedrigte und den Menschen damit Leben eröffnet und christliche Existenz ermöglicht wurde, weil die Philipper also in den Heilsbereich Christi gerückt wurden, darum sollen sie so leben, wie es die folgenden Sätze sagen. Die beiden nächsten Sätze: «Müht euch um euer Heil mit Furcht und Zittern» und: «Gott ist es, der in euch wirkt ...» bereiten freilich dem Leser erhebliches Kopfzerbrechen. Wie soll man das verstehen? Liegt hier nicht ein heilloser Widerspruch vor? Wie paßt die Mahnung «müht euch um euer Heil ...» zu der paulinischen Rechtfertigungslehre, nach der Gott allein um Christi willen den Sünder gerecht spricht, allein aus Gnade? Oder sind die beiden Sätze nicht so ganz genau zu nehmen und sollen sich gegenseitig ergänzen? Also: Müht euch nach Kräften um euer Heil, der Erfolg wird euch freilich nur mit Gottes Hilfe zuteil werden!? Und umgekehrt: Gott wirkt zwar in euch; aber ihr müßt auch euer Teil dazu beitragen!? So wird diese Aussage wohl oft verstanden. Aber sie bekäme dann nicht nur einen heillos schwankenden Sinn zwischen Evangelium und Gesetz und würde zu einem typischen Beispiel für jene Lehre vom notwendigen Mitwirken des Menschen an seiner Errettung (Synergismus), die Paulus schon im Galaterbrief bekämpft und die in der Kirchengeschichte jahrhundertelang die Gnadenbotschaft zersetzt und die Werkgerechtigkeit gebracht hat. Die beiden Sätze müßten dann auch verharmlosend eingeschränkt und vor allem übersehen werden, daß der zweite Satz den ersten begründet. Von gegenseitiger Ergänzung kann keine Rede sein. Sondern: Weil Gott alles wirkt, darum sollt ihr alles tun, darum könnt ihr aber auch all das tun. Eben weil Gott alles für euch getan hat und durch seinen Geist in euch wirkt, darum ist es aber auch völlig unmöglich, daß ihr jetzt die Hände in den Schoß legt und säumig oder bequem die Dinge laufen laßt, darum kann es gar nicht anders sein, als daß ihr jetzt in eine heilsame Unruhe geratet, in die Besorgnis, doch ja nicht aus dem Werk Gottes herauszufallen, sondern Schritt zu halten mit dem, der das Wollen und Vollbringen wirkt. Das ist es, was Paulus mit «Furcht und Zittern» meint. Es ist die demütige Erschrockenheit des Menschen, der in Gottes Nähe geraten ist und der erkannt hat, daß er über Gottes Gnade nicht verfügen kann, sondern sehr wohl auch wieder durch Gleichgültigkeit oder Hochmut aus der Gnade herausfallen kann. Darum gehört für Paulus die «Furcht» mit zum Glauben dazu (vgl. Röm.11,20; 1.Kor.2,3; 2.Kor.5,11; 7,11.15). Sie ist die heilsame Unruhe, die den Glauben vor fauler Sicherheit bewahrt, weil sie weiß, daß Gottes Gnade keine Selbstverständlichkeit ist, und ist deshalb nicht zu verwechseln mit der verzweifelten Angst des Unglaubens, der sich allein auf sich selbst gestellt sieht. Die zum Glauben gehörende Furcht ist dagegen vom Vertrauen umgriffen, denn sie weiß ja, daß Gott alles in uns bewirkt «nach (seiner) Huld», seiner Gnade und Güte entsprechend. Gottes Gnade behält so das erste und letzte Wort über uns.

V.14 bringt eine zweite Ermahnung: «Tut alles ohne Murren und Zweifel». «Murren» bezeichnet im Alten Testament das Fehlverhalten Israels, das mit Gottes Führung nicht zufrieden ist (1.Kor.10,10; 2.Mos.16,2; 17,3; 4.Mos.11,1; 14,27). Der Begriff des Zweifels kommt dagegen im Alten Testament noch nicht vor; es ist zwar oft von der Ablehnung des göttlichen Wortes die Rede, aber noch nicht von einem Zweifel, der Bejahung und Verneinung zugleich ist. Murren und Zweifel bezeichnen beide komplementär das Geteiltsein des Menschen in seinem Gottesverhältnis, das

Nicht-ganz-Sein im Glauben. Einmal, beim Murren, tut der Mensch zwar, was er sollte; aber er tut es unfroh, unzufrieden, mürrisch, weil er eigentlich etwas anderes möchte, oder meint, besser zu wissen, was gut ist. Beim Zweifel andererseits, tut er es gleichfalls; aber er tut es ängstlich, zweifelnd, ob er soll oder nicht, darf oder nicht darf. Murren entspringt mangelnder Hingabe, Zweifel mangelndem Vertrauen. Die Aussage steht Röm.14,23 nahe: «Wer aber zweifelt, wenn er ißt, der ist verurteilt, weil es nicht aus dem Glauben kommt. Alles, was nicht aus dem Glauben kommt, ist Sünde». Man sollte meinen, daß der Christ doch sorgfältig bedenken soll, was er tut, und daß also Zweifel seinem eigenen Tun gegenüber am Platz wäre. Aber davon, daß der Christ prüfen soll, was Gottes Wille ist, war in 1,10 schon die Rede. Hier dagegen geht es nicht um das Was seines Tuns, sondern um die Einheit von Glauben und Tun und also um ein Tun aus der Gewißheit des Glaubens.

V.15. An die Ermahnung fügt sich nun eine ähnliche finale Bestimmung wie schon in 1,10: «damit ihr rein und ohne Tadel seid». Auffallend aber ist die Fortsetzung: «Kinder Gottes ohne Makel mitten in einer verkehrten und verirrten Generation». Die Wendung von der «verkehrten und verirrten Generation» nimmt wörtlich 5.Mos.32,5 auf, ohne sie doch als Zitat zu kennzeichnen. Dieser Ausdruck ist früh in christlichen Sprachgebrauch übergegangen und begegnet Mt.17,17; Luk.9,41; Apg.2,40. Offenbar fand die christliche Gemeinde in den Worten von 5.Mos.32,5 ihre Erfahrung mit der eigenen Umwelt bestätigt und erklärt. Daß die Welt die Botschaft abweist, die Christen ausgrenzt und aussondert und so zu Fremden macht, erklärt diese Stelle damit, daß es eine verkehrte und verirrte Generation ist. Man darf das Wort nicht aus dieser Situation der Angefochtenheit herauslösen und zu einem allgemeinen moralischen Werturteil machen. Das zeigt auch die Fortsetzung: es ist gerade diese sie abweisende Welt, in die die Christen zum Zeugnis gesandt sind, in der sie leuchten und leuchten sollen wie Lichter in der Welt. Ihr Zeugnis vollzieht sich dadurch, daß sie so leben wie zuvor beschrieben, daß sie Gott so in sich wirken lassen. Christliche Existenz wird hier in der gleichen Weise beschrieben wie in Mat.5,14ff.: «Ihr seid das Licht der Welt ... so laßt nun euer Licht leuchten vor den Menschen, damit sie eure guten Taten sehen und euren Vater im Himmel preisen».

V.16 fügt dazu die Mahnung, am Wort des Lebens festzuhalten. Der Ausdruck «Wort des Lebens» findet sich im Neuen Testament nur hier; doch läßt sich damit Joh.6,68 vergleichen, wo von Jesus gesagt wird, daß er «Worte des ewigen Lebens» habe. Gemeint ist – wie schon bei dem absolut gebrauchten «das Wort» in Phil.1,14 – die Heilsbotschaft, die deshalb «Wort des Lebens» genannt wird, weil sie dem Menschen das Leben bringt; ähnlich wird anderwärts von der «Quelle des Lebens» (Ps.36,10), vom «Wasser des Lebens» (Off.22,17), vom «Holz des Lebens» (Off.2,7) oder vom «Brot des Lebens» (Joh.6,35) gesprochen. Wieder geht es darum, die empfangene Gabe nicht loszulassen, sondern festzuhalten, festzustehen (vgl. dazu schon 1,27 oder Gal.5,1). Nur dann hat Paulus sich bei seiner Missionsarbeit nicht umsonst abgemüht und kann am Tag Christi mit Stolz auf das verweisen, was Christus durch ihn gewirkt hat. Wie sich dieses «Rühmen» des Apostels von dem durch die Rechtfertigungsbotschaft ausgeschlossenen Selbstrühmen des sündigen Menschen unterscheidet, wurde zu 1,26 zu zeigen versucht (vgl. S. 32f.).

V.17f. In den letzten Sätzen dieses Abschnittes kommt Paulus noch einmal auf die Möglichkeit seines baldigen Todes zu sprechen. Wie kommt er darauf? War es der Hinweis auf den Tag Christi in V.16, der diese Assoziation in ihm auslöste? Oder war es das eben genannte missionarische Sich-Abmühen (V.16), das ihn daran denken läßt, wohin es ihn geführt hat? Jedenfalls zeigt sich hier, daß bei all diesen Ermahnungen seine konkrete Situation im Gefängnis keinen Augenblick vergessen ist. Er ermahnt als einer, der mit seinem Todesurteil rechnen muß. Seine Ermahnungen bekommen dadurch das Gewicht eines Testaments. Dabei fallen die kultischen Begriffe auf, mit denen er von seinem möglichen Tod spricht. Ganz wörtlich übersetzt lautet V.17: «Selbst wenn ich als Trankopfer ausgegossen werde beim Opferdienst für euren Glauben ...» Ähnlich kann Paulus in Röm.15,16 seine Missionsarbeit mit Begriffen des Priester- und Opferdienstes umschreiben. Der eigentliche Opferdienst, den Gott haben möchte, vollzieht sich nicht im Jerusalemer Tempel, sondern in der Verkündigung des Evangeliums, und wenn Paulus darüber sein Leben lassen sollte, so ist das das höchste Lobopfer, mit dem er Gott preisen kann. Doch ist dieser Hinweis auf den dunklen Hintergrund seiner gegenwärtigen Lage nur die Einleitung zu einer weiteren Ermahnung. Selbst wenn er sein Leben lassen muß bei der Missionsarbeit, so freut er sich doch und freut sich mit den Philippern zusammen und ruft sie zur Freude auf. Der Grund der Freude braucht dabei nicht eigens genannt zu werden, weil er sich von selbst versteht: es ist der Herr, zu dem Paulus und die Philipper gehören, weshalb in 3,1 und 4,4 der Imperativ «Freut euch» mit einem «im Herrn» verbunden werden kann. Gerade der dunkle Hintergrund seiner gegenwärtigen Lage macht umso mehr die Überlegenheit und Paradoxie christlicher Freude deutlich: es ist eine Freude, die auch dann durchschlägt, wenn die Zukunft dunkel und verhangen ist, die gerade dann richtig leuchtet, denn «meine Kraft ist in den Schwachen mächtig» (2.Kor.12,9). Daß Paulus trotz der indikativen Feststellung der Freude in V.17 dennoch in V.18 zur Freude ermahnt und aufruft, entspricht dem Verhältnis von Indikativ und Imperativ in der paulinischen Paränese: die Christen werden nicht zu etwas aufgerufen, was sie noch nicht kennen oder haben, sondern dazu, das zu leben, was ihnen geschenkt ist; von der Möglichkeit Gebrauch zu machen, die ihnen gegeben ist; das zu sein, was sie sind.

Überblickt man die Ermahnungen von V.12–18, so stellt man fest, daß sie nur schwer unter ein gemeinsames Thema zu bringen sind. Darin unterscheidet sich dieser Abschnitt von den vorangehenden, die mit der Mahnung, im Kampf für das Evangelium festzustehen (1,27–30), einmütig zu sein (2,1–4) und dem Erniedrigten nachzufolgen (2,5–11) doch jeweils ein geschlossenes Thema haben. Hier dagegen machen die Mahnungen, sich um das Heil zu mühen (v.12), alles ohne Murren und Zweifel zu tun (V.14), ohne Tadel zu sein (V.15), als Licht zu leuchten und am Wort festzuhalten (V.16) und sich zu freuen (V.18), den Eindruck, daß Paulus all das noch nachtragen möchte, was auch noch gesagt werden muß. Es sind abschließende, zusammenfassende Ermahnungen. Das entspricht ganz der Stellung im Aufbau eines Briefes, der im wesentlichen von 1,1 bis 3,1 reichte.

2,19–30 Pläne für die nächste Zukunft und Begleitschreiben für Epaphroditus

19 Ich hoffe aber auf Jesus, den Herrn, daß ich Timotheus bald zu euch senden kann, damit auch ich beruhigt bin, wenn ich erfahre, wie es um euch steht. 20 Ich habe nämlich keinen, mit dem ich mich so eins weiß, der so aufrichtig um eure Sache besorgt ist. 21 Sie alle suchen das Ihre, nicht die Sache Jesu Christi. 22 Ihr wißt ja, wie er sich bewährt hat; wie ein Kind dem Vater hat er mit mir zusammen dem Evangelium gedient. 23 Ihn also hoffe ich zu senden, sobald ich meine Lage übersehe. 24 Durch den Herrn habe ich aber die Zuversicht, daß auch ich selbst bald kommen kann.

25 Ich halte es für notwendig, euch (jetzt) Epaphroditus, meinen Bruder, Mitarbeiter und Mitkämpfer, euren Abgesandten und Helfer in meiner Not, zu senden. 26 Denn er hat großes Verlangen nach euch allen und ist in Unruhe, weil ihr von seiner Krankheit gehört habt. 27 Ja, er war auf den Tod krank; aber Gott hatte Erbarmen mit ihm, und nicht nur mit ihm, sondern auch mit mir, damit ich nicht Kummer über Kummer hätte. 28 So sende ich ihn nun besonders eilig, damit ihr euch wieder freut, wenn ihr ihn seht, und auch ich weniger Sorge habe. 29 Nehmt ihn also im Herrn mit aller Freude auf und haltet solche Leute in Ehren; 30 denn für das Werk Christi kam er dem Tod nahe. Er hat sein Leben aufs Spiel gesetzt, um zu vollenden, was an eurem Dienst für mich noch gefehlt hat.

Wie auch in anderen Briefen, läßt Paulus auf die Ermahnungen einige Mitteilungen über seine nächsten Vorhaben und Pläne folgen (Röm.15,14–33; 1.Kor.16,5–12; Philem.22; vgl. auch Kol.4,7ff.). Angesichts seiner ungewissen Lage im Gefängnis (vgl. 1,20ff.) könnte das verwundern. Aber seine Pläne gründen nicht in eigenmächtigem Selbstvertrauen, sondern im Vertrauen auf seinen Herrn, in dessen Hand allein der Ausgang des Prozesses liegt. Er weiß, daß er in den Gemeinden noch gebraucht wird, und darum vertraut er darauf, daß ihn sein Herr auch noch gebrauchen will (1,25). Seine Hoffnung, in Kürze Timotheus schicken und bald danach selbst kommen zu können, ist deshalb eine Hoffnung «im Herrn» (so wörtlich), eine durch den Herrn begründete Hoffnung.

Der Abschnitt soll das Kommen des Timotheus nicht nur ankündigen, sondern auch für seine Mission den Boden vorbereiten. Darum die glänzende Empfehlung dieses Mitarbeiters, dessen Bewährung die Philipper ja ohnehin kennen (V.22). Daß Timotheus einer der engsten Mitarbeiter des Apostels war, zeigen auch die anderen Paulusbriefe. Wiederholt erfahren wir, daß Paulus ihn zu Gemeinden sandte, um dort nach dem Rechten zu sehen (vgl. 1.Kor.4,17; 16,10; 1.Thess.3,2.6). Gleichwohl ist es doch auffallend, wie sehr er hier Timotheus von anderen abhebt und wie negativ er über andere christliche Missionare urteilt: V.21.«Sie alle suchen das Ihre, nicht die Sache Jesu Christi». Das fällt umso mehr auf, als Paulus ja auch noch andere Mitarbeiter hat, wie etwa Titus und Silvanus, deren Zuverlässigkeit er anderwärts gleichfalls zu rühmen weiß (vgl. 2.Kor.7,6; 8,16.23; 1,19). Aber offenbar hat er Titus und Silvanus hier gar nicht im Blick, sondern denkt nur an die christlichen Missionare an seinem Gefangenschaftsort, von denen er in 1,15ff. sagt, daß sie aus Neid und Streitsucht predigen und ihm Kummer zu bereiten suchen. Wir sahen ja bereits, daß hinter diesen Zwistigkeiten wohl kaum bloß persönliche Animositäten, sondern auch theologische Differenzen zu suchen sind. Paulus kann diese Wanderprediger nicht nach Philippi schicken, weil dazu die Vertrauensbasis fehlt. Wenn es zutreffen sollte, daß diese Leute ähnlich den Gegnern im 2.Korintherbrief sich ihres Geistesbesitzes und ihrer Wundertaten rühmten und die paulinische Kreuzestheologie ablehnten (vgl.oben S.28), dann läßt sich eher verstehen, daß sie nach Meinung des Paulus «das Ihre suchen, nicht die Sache Christi». Timotheus soll zweifellos die Gemeinde aufrichten und im Glauben stärken. Paulus drückt sich hier freilich anders aus (V.19): er hoffe, durch die Nachrichten, die Timotheus aus Philippi bringen wird, beruhigt zu werden, guten Mutes zu werden. Daß Paulus die Dinge so umkehrt und selbst beruhigt zu werden hofft, ist freilich nicht nur ein Zeichen seiner höflichen Bescheidenheit. Darin kommt doch auch zum Ausdruck, daß er über die Lage in Philippi in gewissem Maße beunruhigt ist. Schon die eindringlichen Mahnungen von 1,27–2,4 deuteten ja darauf hin, daß Paulus von gewissen Unstimmigkeiten in der Gemeinde gehört hatte. Andererseits will er Timotheus erst dann schicken, wenn sich seine Lage geklärt hat. Nichts zeigt deutlicher, wie wichtig ihm Timotheus ist. Er möchte diesen treuen Mitarbeiter auf keinen Fall missen, solange der Ausgang seines Prozesses noch so fraglich ist.

V.24. Schließlich hofft er, auch selbst bald kommen zu können. Dieses Vorhaben wird man im Zusammenhang eines größeren Reiseplanes sehen dürfen, den Paulus verschiedentlich äußert. So schreibt er in 1.Kor.16,5ff., er beabsichtige, von Ephesus aus über Mazedonien nach Korinth zu reisen. Aus 2.Kor.1,15f.erfahren wir, daß Paulus diesen Plan zunächst ändern mußte, und dann nach manchem Hin und Her im Kampf um die Gemeinde in Korinth schließlich doch über Troas und Mazedonien (2.Kor.2,12f.; 7,5) nach Korinth kam, um von dort aus die Kollekte nach Jerusalem zu bringen und über Rom nach Spanien vorzudringen (Röm.15,14–29). Auch die Reise nach Philippi wird man - trotz des Gefängnisses!- im Rahmen dieser großangelegten Missionsstrategie zu sehen haben, nach welcher Paulus, nach Konsolidierung der Gemeinden in Griechenland, das Evangelium in den Westen des Reiches zu bringen hoffte.

V.25ff. Die Verse 25–30 sind ein Begleitschreiben für Epaphroditus, den Paulus mit dem vorliegenden Brief zurückschickt. Von Epaphroditus erfahren wir nur im Philipperbrief (2,25ff. und 4,18). Zwar lesen wir in Kol.1,7; 4,12; Philem.23 von einem Mitarbeiter des Apostels namens Epaphras, und Epaphras kann als Kurzform von Epaphroditus verstanden werden. Doch sind beide nicht miteinander zu identifizieren. Der im Kolosserbrief genannte Epaphras stammt nicht aus Philippi, sondern aus Kolossä, und der Philem.23 Genannte befindet sich mit Paulus zusammen im Gefängnis, was zumindest nicht zur Situation des Philipperbriefes paßt. So müssen wir uns damit abfinden, über Epaphroditus sonst keine weiteren Nachrichten zu haben.

Nach Phil.4,18 hatte Epaphroditus die Unterstützungssendung der Philipper an Paulus überbracht und war dann zunächst bei ihm geblieben, um dem Apostel in seiner beschwerlichen Lage zu helfen. Es sieht so aus, als sei Epaphroditus nicht nur aus eigenem Antrieb bei Paulus geblieben, sondern als habe die Gemeinde ihn dazu auch geschickt. Denn Paulus zeichnet ihn in V.25 nicht nur mit einer Reihe von ehrenden Titeln aus, nennt ihn «Mitarbeiter» (wie Röm.16,21 Timotheus, 2.Kor.8,23 Titus, Röm.16,3.9; Phil.4,3; Philem.1.24 Priska, Aquila und andere als seine «Mitarbeiter» genannt werden) und «Mitkämpfer» (wie Philem.2 Archippus), sondern bezeichnet ihn auch als «euren Abgesandten und Helfer in meiner Not», der das vollendet hat, «was an eurem Dienst für mich noch gefehlt hat» (V.30). Vor allem spricht die Bemerkung daß er es «für notwendig» gehalten habe, ihn zu schicken, dafür, daß eine baldige Rückkehr nicht geplant war. Inzwischen war Epaphroditus schwer krank geworden, todkrank, und die Philipper hatten davon etwas gehört, was wiederum Epaphroditus zu Ohren gekommen war (V.26). Aus diesen Bemerkungen geht übrigens hervor, daß zwischen Philippi und dem Gefangenschaftsort ein recht reger Verkehr bestanden haben muß; das spricht gegen eine Abfassung in Rom oder Cäsarea. Jedenfalls ist Epaphroditus jetzt offenbar wieder gesundet, ist über das, was er aus Philippi gehört hat, in Unruhe und hat Verlangen nach der Heimatgemeinde, weshalb Paulus ihn mit dem Brief zurückschickt.

Man hat immer wieder Überlegungen angestellt, was mit Epaphroditus denn gewesen sei, welche Krankheit er wohl gehabt habe und was der eigentliche Grund für seine Rücksendung sei. Man hat dann vermutet, daß Epaphroditus von einem krankhaften Heimweh verzehrt worden sei, unter Depressionen gelitten habe und

Paulus ihn deshalb habe zurückschicken müssen. Paulus wolle mit diesen Zeilen ihm goldene Brücken für seine Rückkehr bauen und ihn großmütig gegen Vorwürfe, im Dienst versagt zu haben, in Schutz nehmen. Aber man muß sich hier vor Spekulationen hüten, bei denen man Dinge zwischen den Zeilen zu lesen sucht, die man selbst erst hineingetragen hat. All diese Spekulationen gehen von der Aussage in V.26 aus, daß Epaphroditus «Verlangen» nach den Philippern habe, und man vermutet dann hinter diesem Ausdruck Heimweh und krankhafte Depressionen. Aber das griechische Wort, das wir mit «Verlangen» übersetzten, begegnet bei Paulus relativ häufig und hat nirgends auch nur die Spur eines negativen Klangs, hat nie die Nuance «Heimweh haben», sondern ist immer im positiven Sinne als eine Auswirkung christlicher Verbundenheit, als ein Zeichen der Liebe Christi verstanden vgl. Phil.1,8; Röm.1,11; 1.Thess.3,6 u.ö.). Man darf deshalb auch in V.26 keinen Tadel oder Anzeichen eines Versagens hineinlesen. Auch diese Aussage ist vielmehr als Lob gemeint. Dazu paßt, daß die Philipper nach V.28 durch die Rückkehr des Epaphroditus wieder froh werden sollen. Das setzt voraus, daß sie sich um ihn Sorge machten, und nicht, daß sie Vorwürfe gegen ihn erhoben. Man mag sich freilich fragen, wozu dann diese breite Begründung erfolgt, wenn Epaphroditus gar nicht verteidigt oder gegen Vorwürfe in Schutz genommen werden soll. Ist es nicht auffallend, daß Paulus dem Überbringer des Briefes ein so ausführliches Begleitschreiben mitgibt? Aber diese Breite erklärt sich leicht, wenn sein Aufenthalt bei Paulus der schweren Krankheit wegen früher abgebrochen wurde als ursprünglich geplant, und wenn Paulus andererseits seinen Dank gegenüber Epaphroditus zum Ausdruck bringen wollte. Zwar fällt in dem Abschnitt nirgends das Wort «Dank». Doch gilt dies auch von dem ausgesprochenen Dankschreiben 4,10–20. Der ganze Abschnitt V.25–30 enthält aber ein einziges Lob auf Epaphroditus, der «für das Werk Christi dem Tod nahe kam» und «sein Leben aufs Spiel setzte» im Dienst für Paulus. Der Apostel drückt seinen Dank dadurch aus, daß er wirklich sieht, anerkennt und ausdrückt, was Epaphroditus für ihn getan und auf sich genommen hat.

3,1 Schlußmahnung

3,1 Zum Schluß, meine Brüder: Freut euch im Herrn! Ich scheue mich nicht, euch (immer wieder) dasselbe zu schreiben; euch macht es fest.

Die Eingangsworte, die mit «schließlich», «endlich», «zum Schluß» zu übersetzen sind, führen bei Paulus häufig die Schlußmahnungen eines Briefes ein (so 2.Kor.13,11; 1.Thess.4,1; 2.Thess.3,1; Phil.4,8; ähnlich Eph.6,10). Das deutet ganz darauf hin, daß Paulus jetzt zum Schluß des Briefes kommen will. Wie er wiederholt zur Freude mahnte, so zum Schluß noch einmal. Freilich findet diese Schlußmahnung in 3,2ff. keine Fortsetzung. Es folgt vielmehr eine sehr heftige Polemik gegen Irrlehrer, die zu dem Aufruf zur Freude schlecht paßt. Den Bruch zwischen V.1 und 2 kann man aber nicht mit einer Diktierpause oder psychischen Belastungen und Verärgerungen des Apostels erklären, weil die Polemik von V.2ff. eine andere Gemeindesituation voraussetzt als der vorangehende Brief. Diese Spannung läßt sich am ehesten erklären, wenn man annimmt, daß von V.2 an das Fragment eines anderen Paulusbriefes eingeschoben und mit unserem Brief verbunden wurde. Kann aber V.2ff. nicht als Fortsetzung von V.1 verstanden werden, dann entsteht die Frage, ob sich die ursprüngliche Fortsetzung von V.1 etwa anderswo findet. In der Tat finden sich in 4,4–7 und 4,8–9 zwei formal und inhaltlich parallel aufgebaute Abschnitte, die deutlich die Funktion von Schlußmahnungen haben. Da Paulus kaum zwei Schlußmahnungen in ein und demselben Brief geschieben haben wird, ist anzunehmen, daß die eine zu dem Gefangenschaftsschreiben 1,1–3,1 gehört und die andere zu der Irrlehrerbekämpfung 3,2ff. Und da das Stichwort von 3,1, der Aufruf zur «Freude im Herrn», in 4,4 wieder begegnet, scheint also 4,4–7 die ursprüngliche Fortsetzung von 3,1 gewesen zu sein. Der spätere Sammler der Paulusbriefe, der die Irrlehrerbekämpfung 3,2ff. mit dem Gefangenschaftsbrief verband, war offenbar der Meinung, daß sich die Warnung vor Irrlehrern am besten mit 3,1b verbinden lasse, wo davon die Rede ist, daß Paulus schon oft davon geschrieben habe, und dies die Gemeinde «fest» machen solle.

In der Tat scheint dieser Zusammenhang im ersten Augenblick einleuchtend, und manche Ausleger haben sich deshalb gefragt, ob nicht 3,1b besser zum Folgenden, zur Warnung vor den Irrlehrern zu ziehen sein sollte. Mit dem, wovon immer wieder zu schreiben Paulus sich nicht scheut, wäre dann die Warnung vor Irrlehrern gemeint. Aber im Vorangehenden findet sich nirgends eine solche Warnung. An mündliche Warnung bei einem Zwischenbesuch zu denken, verbietet der Wortlaut («euch dasselbe zu schreiben»), und einen verlorengegangenen Brief zu postulieren, der all das enthalten haben sollte, besteht kein Anlaß. So wird man V.1b doch am besten mit V1a verbinden. Paulus hat ja im Vorangehenden immer wieder von der Freude geschrieben und zur Freude aufgerufen (1,4.18.25; 2,17f.28f.). Er empfindet offenbar selbst, daß er sich wiederholt; aber er nimmt die Wiederholung in Kauf, weil ihm der Aufruf zur Freude wichtig ist und er die Gemeinde «fest macht». Man wird dies wohl nicht nur so verstehen dürfen, daß ständige Wiederholung einen Satz einprägt und in diesem Sinne «fest» macht. Vielmehr ist Freude ein Wesensmoment des Glaubens (Phil.1,25; 2.Kor.1,24), Frucht des Geistes (Gal.5,22; 1.Thess.1,6; Röm.14,17), so daß dem Glauben Entscheidendes fehlt, wenn er die Freude «im Herrn» nicht kennt. Der Aufruf, sich «im Herrn» zu freuen, bewirkt ja doch im Hörer die Erinnerung an das, was ihm durch den Herrn geschenkt ist, lenkt seinen Blick auf den Herrn und die Größe seiner Gabe. Eben dadurch wird der Glaubende «fest». Der Aufruf zur Freude findet sich daher nicht nur im Philipperbrief, sondern auch in anderen Paulusbriefen (1.Thess.5,16; 2.Kor.13,11; Röm.12,12).

3,2–4,1   Auseinandersetzung mit Irrlehrern (Kampfbrief)

3,2–4a   Warnung vor den Irrlehrern

2 Nehmt euch in acht vor diesen Hunden! Nehmt euch in acht vor diesen falschen Predigern! Nehmt euch in acht vor diesen Zerschnittenen! 3 Denn die (wirklich) Beschnittenen sind wir, die wir durch Gottes Geist (Gott) dienen und uns Christi Jesu rühmen, anstatt auf das Fleisch zu vertrauen. 4 – Dabei könnte auch ich auf das Fleisch vertrauen.

Der hier beginnende Briefteil 3,2–4,1 bringt eine scharfe Auseinandersetzung mit Irrlehrern. Gänzlich unvermittelt setzt V.2 mit der dreimaligen Warnung ein: «Nehmt euch in acht vor ...» Das Objekt dieser Warnungen wird ebenfalls dreimal mit äußerst scharfen Schmähworten gekennzeichnet: Hunde, falsche Prediger,

Zerschnittene; worauf gleichfalls dreifach gegliedert der christliche Gegenstandpunkt markiert wird: wir sind die wirklich Beschnittenen, die wir durch den Geist Gottes dienen, die wir auf Christus, statt auf das Fleisch, vertrauen. Erst von 4b an wird die Auseinandersetzung breiter und sachbezogener geführt. Die Einführung in 3,2–4a dagegen ist ganz von der Polemik bestimmt.

V.2. «Nehmt euch in acht vor diesen Hunden!» Eine solche Beschimpfung hat bei Paulus keine Parallele. «Hund» ist zwar ein geläufiges Schimpfwort, das im Judentum vor allem auf Unwissende, Gottlose und Heiden angewandt wird, aber es ist doch ein sehr starkes, verächtlich machendes Schimpfwort. Aus diesem Schimpfwort ein besonders unsittliches Treiben der Gegner herauszulesen, liegt jedoch kein Grund vor. Man muß sich überhaupt davor hüten, hier eine genaue Beschreibung der Gegner finden zu wollen. Die Ausdrücke wollen den Gegner primär diskreditieren; sie zeigen, wie erregt Paulus hier ist. Er führt einen erbitterten Kampf, der ihn zu so schwerem Geschütz greifen läßt. Immerhin leuchtet auch durch diese Schimpfwörter etwas von der Art und dem Charakter der Gegner durch. Das zeigt schon der zweite Ausdruck. Was wir mit «falsche Prediger» übersetzten, lautet wörtlich «falsche Arbeiter». Aber unser Wort «Arbeiter» trifft nicht das, was hier gemeint ist. Aus 2.Kor.11,13 geht hervor, daß «Arbeiter» eine Selbstbezeichnung der Missionare und Wanderprediger war, mit denen Paulus sich in Korinth auseinandersetzen mußte. Auch in Mat.9,37f.; 10,10 werden die christlichen Missionare als «Arbeiter» bezeichnet. Daher meint der Ausdruck wohl auch in Phil.3,2 Missionare oder Wanderprediger. Aber es sind eben «falsche» Prediger, vor denen die Gemeinde sich in acht nehmen muß.

Polemisch und zugleich signifikativ ist auch die dritte Bezeichnung: Zerschnittene. Deutlich liegt hier ein Wortspiel zu Beschneidung, Beschnittener vor. Dieses Schimpfwort läßt sich nur verstehen, wenn die Irrlehrer die Beschneidung predigten und von den Christen verlangten. Entsprechend wird dann der Begriff der Beschneidung in **V.3** wieder aufgenommen und dem Gegner damit entwunden, daß erklärt wird, die wahrhaft Beschnittenen seien die Christen. Daß der Begriff der Beschneidung hier im übertragenen Sinne gebraucht ist, dürfte klar sein. Ein solcher übertragener Gebrauch, der den körperlichen Ritus vergeistigt, bahnt sich schon im Alten Testament und im Judentum an (vgl. 5.Mos.10,16; Jer.4,4; 9,26; in den Qumranschriften 1QS 5,5), steht aber bei Paulus in ausdrücklichem Gegensatz zur körperlichen Beschneidung: nicht die äußere, körperliche Beschneidung zählt, sondern die neue Schöpfung, der Glaube, der durch die Liebe tätig ist (Röm.2,28; Gal.5,6; 6,15). Damit wird die christliche Gemeinde nicht nur als das wahre Israel (Gal.6,16) und wahre Gottesvolk proklamiert, sondern es wird auch zugleich die Frage nach dem wahren Gottesdienst und nach dem Gesetz angeschnitten. So leben, wie es die Christen nach dem gesetzesfreien Evangelium tun, heißt «durch Gottes Geist (Gott) dienen». Dabei ist das griechische Wort für «dienen» im Alten Testament ein deutlich kultischer Begriff, der den Gottesdienst in seinen verschiedenen Formen bezeichnet. Gemeint ist also: Hier, im Leben der Glaubenden, vollzieht sich der wahre, nämlich durch Gottes Geist vollbrachte Gottesdienst, – nicht dort im Tempel von Jerusalem. Und zwar ist dies deshalb so, weil man sich hier Christi Jesu rühmt und nicht auf das Fleisch vertraut.

Damit ist ein für die Theologie des Paulus entscheidender Begriff genannt, der sich im Deutschen nur schwer wiedergeben läßt: Fleisch. Zunächst meint der Begriff noch nichts Sündhaftes. Er bezeichnet zunächst einfach den Menschen als ein irdisch-vergängliches Wesen, etwa im Sinne von Jes.40,6: «Alles Fleisch ist wie Gras,

und alle seine Pracht wie eine Feldblume. Das Gras verdorrt, und die Blume verwelkt, aber das Wort unseres Gottes bleibt ...» In diesem Sinne nennt Paulus die Menschen «alles Fleisch» (1.Kor.1,29; Gal.2,16), spricht von «Fleisch und Blut», um den Menschen in seiner Vergänglichkeit zu kennzeichnen (Gal.1,16; 1.Kor.15,50), spricht von Abraham als unserem «Vorvater nach dem Fleisch», d.h. nach der aufweisbaren natürlich-menschlichen Abstammung (Röm.4,1; ähnlich 9,3.5; 1.Kor.10,18). Fleisch meint hier zunächst einfach das Irdisch-Vergängliche, den Menschen in seinen natürlich-irdischen Zusammenhängen. In diesem Sinne ist Fleisch noch nichts Sündhaftes. Anders dagegen wird es, wenn der Mensch nach dem Fleisch lebt, denkt oder wandelt (Röm.8,5.12; 2.Kor.1,17; 10,2f.), wenn er auf das Fleisch vertraut (Phil.3,3). Denn dann baut er sein Leben auf das Irdisch-Vergängliche, was nur dazu führen kann, daß er im Vergehen, im Tod, endet (Röm.8,6). Er setzt sein Vertrauen dann ja nicht auf den, auf den allein er sein Vertrauen setzen sollte, auf den Gott, der die Toten auferweckt und das Nichtseiende ins Sein ruft (Röm.4,17), sondern auf das Geschöpf, auf die Kreatur, auf das Irdisch-Vergängliche. Dabei wird deutlich, daß Fleisch nicht etwa die menschliche Sinnlichkeit im Unterschied zu seinen geistigen Regungen meint. Leben nach dem Fleisch meint nicht etwa bloß gut essen und trinken und sexuelles sich-ausleben. Das ist zwar auch mitinbegriffen, weil der Mensch auch von Wohlleben und Sinnlichkeit das Leben erwarten kann, ebenso wie von Besitz und Ansehen. Aber es umfaßt eben auch sehr geistig moralische Bestrebungen. Zum Vertrauen auf das Fleisch gehört nach 1.Kor.1,26 auch das Weisheitsstreben der Griechen, aber auch des Paulus rein israelitische Abstammung (Phil.3,4ff.), seine Beschneidung, sein Leben als frommer Pharisäer und sein Eifer um die Erfüllung des Gesetzes. Denn seine Abstammung ebenso wie seine frommen Werke gehören zum Bereich des Irdisch-Menschlichen. Wie die Beschneidung im Fleisch eine aufweisbare Beschneidung ist (Röm.2,28), so sind auch die frommen Leistungen etwas, was man aufweisen kann, und worauf der Mensch dann sein Vertrauen setzt. Aber er vertraut dann nicht auf Gott, sondern auf das Irdisch-Menschliche. Der Gegensatz zu solchem Vertrauen auf das Fleisch, auf das, was der Mensch aufweisen kann, heißt deshalb: sich Christi Jesu rühmen, d.h. darauf zu pochen, daß Gott in Jesu Tod und Auferstehung heilbringend eingegriffen hat, mich armen, verlorenen Sünder um Christi willen gerecht gesprochen und zu seinem Kind angenommen hat. Mit dem etwas diffizilen Begriff Fleisch hat Paulus die Problematik menschlicher Existenz radikal auf die eine Grundfrage zugespitzt: Wovon lebt der Mensch? Lebt er vor sich selbst und seinen Leistungen? Oder kann er Leben immer nur als Geschenk von Gott empfangen?
Die durch die Wanderprediger aufgeworfene Beschneidungsfrage wird also gleich in grundsätzlicher Tiefe angegangen. Es geht nicht einfach um einen belanglosen Ritus, den man üben oder auch nicht üben kann, sondern es geht um die Frage, worauf der Mensch sein Leben baut: auf Gottes Gnade in Christus, oder auf seine aufweisbaren Leistungen, und also auf sich selbst.

3,4b–11 Die Gabe Christi schließt das Vertrauen auf menschliche Leistungen aus

4b Wenn ein anderer meint, auf das Fleisch vertrauen zu können, ich könnte es noch mehr: 5 Ich bin am achten Tag beschnitten worden, bin aus dem Volk Israel, aus dem Stamm Benjamin, ein Hebräer von Hebräern; nach dem Gesetz ein Pharisäer,

6 nach dem Eifer ein Verfolger der Kirche, nach der Gerechtigkeit, die das Gesetz fordert, untadelig. 7 Aber was mir (damals) Gewinn war, das habe ich um Christi willen als Verlust erkannt. 8 Ja, ich halte schlechterdings alles für Verlust gegen den überwältigenden Wert der Erkenntnis Christi Jesu, meines Herrn. Um seinetwillen ließ ich mich um das alles bringen und halte es für Dreck, um Christus zu gewinnen 9 und in ihm gefunden zu werden. Nicht meine eigene Gerechtigkeit will ich haben, die aus dem Gesetz kommt, sondern die Gerechtigkeit, die Gott auf Grund des Glaubens schenkt, die durch den Glauben an Christus kommt. 10 Ihn will ich erkennen und die Macht seiner Auferstehung und die Teilhabe an seinem Leiden, von seinem Tod geprägt[7], 11 um dann einmal zur Auferstehung von den Toten zu gelangen.

Auf die Warnung und scharfe Polemik der vorangehenden Sätze folgt nun präzise sachliche Argumentation. Dabei wird deutlich, daß es bei der Agitation der Gegner nicht bloß um die Beschneidung als einen sinnvollen oder nicht sinnvollen Ritus geht, sondern um die Frage, worauf der Mensch sein Vertrauen setzt: auf das «Fleisch», d.h. das, was man aufweisen kann an Vorzügen und Leistungen, oder auf Gottes Heilstat in Christus. Zum Begriff Fleisch bei Paulus vgl. den vorigen Abschnitt. Auch diese sachliche Argumentation kommt aus persönlicher, existentieller Betroffenheit; darum der Ich-Stil der Argumentation: «Wenn ein anderer meint, auf das Fleisch vertrauen zu können» -d.h. auf das, was er vorweisen kann -, «ich könnte es noch mehr». Und nun zählt Paulus auf, was er hier vorweisen könnte. Dabei ist nicht nur zu beachten, daß sich eine ähnliche Aufzählung auch in 2.Kor.11,18.22ff. findet, sondern auch, daß die Gegner sich offenbar gerade solcher Dinge rühmten: ihrer Beschneidung, ihres Hebräer-seins, ihrer Zugehörigkeit zum Volk Israel; denn sonst wäre die Nennung dieser Ruhmestitel hier sinnlos.
V.5. Paulus nennt zunächst vier von Geburt an ererbte Vorzüge: Er ist am achten Tag beschnitten worden, wie in 1.Mos.17,12; 3.Mos.12,3 gefordert. Er hat die Zugehörigkeit zum alttestamentlichen Heilsvolk nicht erst nachträglich als Proselyt erworben, sondern mit der Geburt schon erhalten. Diese mit der Geburt schon gegebene Vorzugsstellung wird durch die drei nächsten Glieder weiter herausgestellt: er ist «aus dem Volk Israel, aus dem Stamm Benjamin, ein Hebräer von Hebräern». Die Volkszugehörigkeit ist dabei nicht so sehr im nationalen, als vielmehr religiösen Sinn gemeint. Der Name Israel hat, im Unterschied zum Namen Juda, einen besonderen religiösen Klang; er signalisiert uralte Erwählung durch Gott und ist durchaus als Ehrentitel gemeint und verstanden worden. Ähnliches gilt von dem Begriff «Hebräer»; für den Heiden verbindet sich damit die Vorstellung des Besonderen im Sinne des Geheimnisvollen. Ist Paulus «ein Hebräer von Hebräern», so ist damit zugleich seine rein jüdische Abstammung genannt. Seit den Tagen Esras waren Mischehen mit Heiden für fromme Juden verpönt (Esra 9). Ein nicht-jüdisches Glied in der Vorfahrenreihe schloß vom Priesterdienst aus, weshalb der Nachweis der Abstammung durch Pflege der Geschlechtsregister nötig war und nicht nur von priesterlichen Familien geübt wurde. Auch Paulus kommt aus einer solchen streng jüdischen Familie. Daher kann er seine Zugehörigkeit zum Stamm Benjamin nennen. Seine Familie muß also einen Stammbaum gehabt haben, aufgrund dessen sie ihre Herkunft auf den Stamm Benjamin zurückführte.
Zu den mit der Geburt ererbten Vorzügen kommen die später erworbenen: Was seine Stellung zum Gesetz betrifft, so war er ein Pharisäer (vgl. Apg.23,6). Er gehör-

---

[7] Wörtlich: «... seinem Tod gleichgestaltet ...»

te also zu derjenigen religiösen Richtung im Judentum, die sich durch besonders strengen Toragehorsam auszeichnete. Auch die Apostelgeschichte spricht in 23,6 und 26,5 von seiner Zugehörigkeit zu den Pharisäern. **V.6.** So weit ging sein Eifer um das Gesetz, daß er um des Toragehorsams willen die Kirche verfolgte (vgl.1.Kor.15,9; Gal.1,13). Paulus stand damit in einer jüdischen Tradition, die sich das Eifern des Pinhas (4.Mos.25,11; vgl.Sir.45,23; 1.Makk.2,54) zum Vorbild nahm, und um des Gesetzes willen abtrünnige Israeliten bekämpfte. Seine Christenverfolgung dokumentiert die Aufrichtigkeit und Radikalität seines Toragehorsams. Nach der vom Gesetz geforderten Gerechtigkeit war er untadelig. Das ist sicher nicht ironisch gemeint. Man sollte hier auch nicht fragen, ob es überhaupt möglich sei, das Gesetz vollkommen zu erfüllen. Daß das Gesetz zu erfüllen möglich sei, war jedenfalls die Voraussetzung des ganzen rabbinischen Lehrsystems, und Paulus war offensichtlich davon überzeugt, es erfüllt zu haben. Daß Paulus später als Christ über die Erfüllbarkeit des Willens Gottes auch anders urteilen konnte, vermag man aus Röm.3,9, 7,14ff.; 13,8f.zu ersehen. Aber für das Verständnis der Bekehrung des Apostels ist diese Aussage besonders zu beachten: Paulus zerbrach nicht wie Luther unter dem Gesetz an seiner Unfähigkeit, Gottes Gebote zu erfüllen. Er verläßt den Gesetzesweg nicht, weil er unerfüllbar wäre, sondern weil er gegen Christus ist, weil er zum Vertrauen auf das Fleisch und zum Selbstruhm statt zum Vertrauen auf Gottes Gnade in Christus führt.

Von **V.7**an erklärt Paulus nun, warum ihm die genannten menschlichen Vorzüge nichts mehr bedeuten können, wieso dieses Vertrauen auf das Fleisch, auf das, was der Mensch aufweisen kann, für den Christen unmöglich geworden ist. Was in V.3 bereits kurz angedeutet war, wird nun ausgeführt. Die Gedankenführung wird am besten deutlich, wenn wir uns den Abschnitt 3,7–11 noch einmal nach seiner inneren Struktur gegliedert vor·Augen halten:

7 Aber was mir (damals) Gewinn war,
    das habe ich *um Christi willen* als Verlust erkannt.
8 Ja, ich halte schlechterdings alles
    für Verlust gegen den überwältigenden *Wert der Erkenntnis Christi Jesu ...*,
    um seinetwillen ließ ich mich um das alles bringen
    und halte es für Dreck, *um Christus zu gewinnen*
9a   und *in ihm gefunden zu werden*.
 b   Nicht meine eigene Gerechtigkeit will ich haben,
                die aus dem Gesetz kommt,
 c   sondern die Gerechtigkeit,
                die Gott auf Grund des Glaubens schenkt,
                die durch den Glauben an Christus kommt.
10a   Ihn will ich erkennen
  b   und die Macht seiner Auferstehung
  c   und die Teilhabe an seinem Leiden,
  d   von seinem Tode geprägt,
11   um dann einmal zur Auferstehung von den Toten
                zu gelangen.

Auffallend ist zunächst, daß Paulus rein vom Positiven her argumentiert, daß er nicht zunächst negativ zu zeigen versucht, wie die genannten Vorzüge doch nicht ausreichen, wie die Gesetzesgerechtigkeit so vollkommen nicht ist und der Mensch wegen der Sünde sein Ziel nicht erreicht und unter dem Fluch des Gesetzes endet (vgl. Gal.3,10). Vielmehr argumentiert er allein von der Größe des Heilsgeschehens, vom Übermaß der neuen Heilsgabe her: das mit Christus dem Glaubenden Geschenkte ist so groß, daß es alles andere fortspült, alles andere verdrängt. V.7: «Was mir Gewinn war, das habe ich um Christi willen als Verlust erkannt». Diese Aussage wird dann in **V.8** in leichter Variation noch dreimal wiederholt, wobei die einzelnen Glieder der Variation einander entsprechen, und so sich nicht nur gegenseitig erläutern, sondern auch eine Steigerung erkennen lassen. Spricht die erste Zeile (V.7) von «Gewinn», so wird das bei der zweiten und dritten Wiederholung durch «alles» wiederaufgenommen und zugleich gesteigert. «Was mir (damals) Gewinn war» (V.7) bezieht sich auf die zuvor aufgezählten Vorzüge, die die Vergangenheit des Apostels bestimmten. Aber nicht nur, was ihm damals Gewinn war, sondern «schlechterdings alles» hält er um Christi willen für Verlust, ja nicht nur für Verlust, sondern geradezu für «Dreck», für Kot. Entsprechend wird auch Christus als Grund dieses Geschehens mehrmals genannt, wobei die einzelnen Wendungen einander interpretieren: «um Christi willen» (V.7), bzw. «um seinetwillen» (V.8) meint, daß die «Erkenntnis Christi Jesu» einen derart «überwältigenden Wert» darstellt (V.8); und Christus zu «erkennen» (V.8 u.10) heißt «Christus zu gewinnen» (V.8) und «in ihm gefunden zu werden» (V.9). Fragt man, wieso die «Erkenntnis Christi» einen derart überwältigenden Wert darstellt, daß dadurch die zuvor genannten Vorzüge und Leistungen total verdrängt und zu nichts gemacht werden, so erklärt die Fortsetzung, die «Erkenntnis Christi» bedeute «Christus zu gewinnen und in ihm gefunden zu werden» (V.8c und 9a). Mit den Worten «ihn will ich erkennen» wird das in V.10 noch einmal aufgegriffen und weiter erläutert: Christus erkennen, heißt Anteil an seinem Tod und seiner Auferstehung zu empfangen und also durch seinen Tod geprägt zu werden und so die Verheißung der künftigen Totenauferstehung zu empfangen. Die Erkenntnis Christi besteht also in einer Gemeinschaft mit Christus, bei der der Glaubende «in Christus» ist und durch Christi Tod und Auferstehung bestimmt wird. Diese Erkenntnis ist keineswegs nur ein intellektueller Vorgang, sondern umfaßt ein existentielles Sich-Verstehen, ein Sich-selbst-Entdecken als durch Christi Tod Bestimmten, ein Begreifen, daß in Christi Tod und Auferstehung über mich entschieden wurde, sodaß ich durch jenes Geschehen geprägt bin.

V.9. In diese Aussage über die Erkenntnis Christi und die Christusgemeinschaft der Glaubenden ist nun der Satz V.9b–c eingeschoben: «Nicht meine eigene Gerechtigkeit will ich haben, die aus dem Gesetz kommt, sondern die Gerechtigkeit, die Gott auf Grund des Glaubens schenkt, die durch den Glauben an Christus kommt». Im griechischen Text wird noch deutlicher als in der Übersetzung, daß der Satz als eine Art Einschaltung in die Aussage über die Christusgemeinschaft eingeschoben ist. Doch bedeutet das nicht, daß die Aussage über Gottesgerechtigkeit und Gesetzesgerechtigkeit nur eine Nebenaussage sei. Der ganze Argumentationszusammenhang von der Beschneidung in V.2 bis zum Rühmen der Gesetzesfrömmigkeit in V.6 läuft ja auf diese Aussage zu. Nicht eine beiläufige Nebenbemerkung wird hier gemacht, wohl aber ist die Aussage über das Gesetz in V.9b–c ganz und gar eingeklammert in die christologischen Aussagen von V.8–9a und V.10. Mit anderen Worten: Die Abweisung der Gesetzesgerechtigkeit zugunsten der im Glauben empfangenen Gottesgerechtigkeit ist eine Konsequenz aus den übergreifenden christologischen Aussagen. Es ist das durch Christi Tod und Auferstehung bestimmte Heilshandeln Gottes, das in notwendiger Konsequenz zur Abweisung der Gesetzesgerechtigkeit führt. In der theologischen Fachsprache ausgedrückt: Die Christologie ist also nicht bloß eine sprachliche Einkleidung der Soteriologie oder der Anthropologie, sondern Soteriologie und Anthropologie sind Konsequenzen der Christologie, die ihrerseits den Grund zu den soteriologischen Aussagen bildet. Doch ist die Abweisung der Gesetzesgerechtigkeit in V.9 noch genauer zu beachten. Die Gerechtigkeit, «die aus dem Gesetz kommt», ist «meine eigene Gerechtigkeit», weshalb der Fromme sich dieser Gerechtigkeit rühmen kann und damit auf sich selbst, auf das Fleisch vertraut (V.3). In ausdrücklichen Gegensatz dazu tritt (so wörtlich:) «die Gerechtigkeit, die aus Gott auf Grund des Glaubens (kommt)», die also Gott auf Grund des Glaubens schenkt, und die Paulus zumeist in einfacher Genitiv-Verbindung «Gottesgerechtigkeit» nennt (Röm.1,17; 3,21ff.; 10,3; 2.Kor.5,21). Auch für den Glaubenden geht es darum, daß er Gott recht ist, daß Gott über ihn das Urteil: «gerecht» fällt. Ohne dies gibt es für ihn kein Leben, weil von Gottes Urteil alles abhängt. Aber die Gerechtigkeit, von der er lebt, ist nicht seine eigene Gerechtigkeit, sondern eine fremde Gerechtigkeit, sie ist Gottes Gabe, die ihm aufgrund des Glaubens an Christus geschenkt ist. So vertraut er nicht auf sich selbst, sondern allein auf den Gott, der den Gottlosen in Christus gerecht spricht (vgl. Röm.4,5).

Doch sind noch einmal die Aussagen über die Christusgemeinschaft in **V.10f** zu beachten. Es wird dargelegt, was die Erkenntnis Christi impliziert, nämlich: (V.10b) «die Macht seiner Auferstehung»/(V.10c) «und die Teilhabe an seinem Leiden»,/(V.10d) «von seinem Tod geprägt»,/(V.11) «um dann einmal zur Auferstehung von den Toten zu gelangen». Formal fällt auf, daß die zu erwartende Reihenfolge - erst Tod, dann Auferstehung - verlassen ist. Statt dessen sind die vier Zeilen V.10b,c,d und 11 im Schema a-b-b-a (= chiastisch) aufgebaut: die erste und vierte Zeile sprechen von Auferstehung, die zweite und dritte Zeile von Leiden und Tod. Dadurch steht die Anteilhabe an Jesu Leiden und Tod im Mittelpunkt, ist aber von «der Macht seiner Auferstehung» umklammert. Diese Macht seiner Auferstehung hat aber in Vers 11 eine betont futurische Konsequenz. Sie bedeutet nicht, daß wir schon jetzt so an seiner Auferstehung Anteil haben, wie wir schon jetzt an seinem Leiden Anteil haben und durch seinen Tod geprägt sind. Die Macht seiner Auferstehung wirkt sich vielmehr so aus, daß der Glaubende in der Zukunft zur Auferstehung der Toten zu gelangen hofft. Hier wird also differenziert zwischen der Anteilhabe an Jesu Tod und der an seiner Auferstehung, und diese Differenzierung wird von Paulus offensichtlich bewußt und betont vollzogen: gegenwärtig ist, daß wir durch Christi Tod geprägt sind; unsere Teilhabe an Christi Auferstehung dagegen ist Hoffnungsgut, ist hier in der Gegenwart noch nicht aufweisbar, ist habbar nur im Glauben; denn wir leben im Glauben, nicht im Schauen (2.Kor.5,7). Diese Betonung der Zukünftigkeit der Heilsvollendung wird dann in V.12–16 fortgeführt und wird uns da weiter beschäftigen.

Zu beachten ist schließlich, in welcher Weise hier die Heilsbedeutung des Todes Jesu ausgedrückt wird. Obwohl der Abschnitt zentral von der Rechtfertigung durch den Glauben an Christus spricht, davon, daß der Mensch nicht durch seine eigene Leistung, sondern durch eine fremde, ihm von Gott geschenkte Gerechtigkeit lebt, und obwohl dies mit Jesu Tod und Auferstehung begründet wird, lesen wir doch nichts von Jesu Stellvertretung oder Sühnopfer, wie man das eigentlich erwarten möchte, und wie es etwa in Röm.3,25 oder Gal.3,13 der Fall ist. Auf die Frage, inwiefern diese Heilsgabe uns gerade durch Jesu Tod zuteil wurde, wird hier nicht gesagt, daß Jesus stellvertretend für uns den Fluch des Gesetzes (Gal.3,13) oder das Gericht über die Sünde (Röm.8,3) getragen und uns dadurch befreit habe, sondern es wird ähnlich wie in Röm.6 gesagt, daß wir Anteil an seinem Tod und seiner Auferstehung empfangen haben, so daß wir durch seinen Tod geprägt wurden, was meint, daß wir mit Christus zusammen gekreuzigt wurden, um mit ihm aufzuerstehen (Röm.6,1–11). Es ist also die Anteilhabe an Jesu Tod und Auferstehung, die uns das Heil vermittelt. Das ist eine andere Vorstellung als sie uns im Stellvertretungs- oder Sühnopfergedanken begegnet. Während der Stellvertretungsgedanke besagt, daß Christus etwas erlitt, damit wir dies nicht zu erleiden brauchen, daß er starb, damit wir diesen Tod nicht zu sterben brauchen, wird uns hier gesagt, daß Christus starb, damit wir in seinem Tod mitgestorben seien, und daß er auferstand, damit wir mitauferstünden. Beide Vorstellungen, der Stellvertretungsgedanke und der der Anteilhabe an Jesu Geschick, brauchen zwar einander nicht auszuschließen und lassen sich auch miteinander verbinden (so 2.Kor.5,14f; Röm.8,3f.), sind aber doch zu unterscheiden. Mit dem Sühnopfer- und Stellvertretungsgedanken wurden Vorstellungen aufgegriffen und zur Deutung des Todes Jesu herangezogen, die der alttestamentliche Opferkult darbot (vgl. 3.Mos.16) und die auch das hellenistische Judentum auf den Tod der Märtyrer anwandte (2.Makk.7,37f.; 4.Makk.6,28f.). Die Vorstellung vom Mitsterben mit Christus läßt sich aber daraus nicht einfach ableiten; denn die Vorstellung, daß der Fromme so am Geschick Jahwes Anteil gewinnen könnte, wie der Christ an Tod und Auferstehung Jesu, ist alttestamentlichem Denken zutiefst fremd. Wohl aber finden sich entsprechende Vorstellungen in hellenistischen Mysterienreligionen, wo der Myste im Kult teilnimmt am Geschick seiner Gottheit und dadurch deren göttliches Leben empfängt. Hier ist also ein Denkmodell aus der Welt des Hellenismus aufgegriffen und zur Deutung und Verständlichmachung des Todes Jesu herangezogen worden. Daß die aufgegriffenen Vorstellungen und Begriffe nur dienende Funktion haben, zeigt sich an den mannigfachen Brechungen und Korrekturen, die sie bei der Aufnahme erfuhren: es ist ja nicht das Geschick einer zeitlos-mythischen Vegetationsgottheit, an dem der Christ Anteil bekommt, sondern an Tod und Auferstehung einer geschichtlichen Person. Aber ebenso mußte ja auch die alttestamentliche Begrifflichkeit des Sühnopfers korrigiert werden: Jesu Opfertod geschah ein für allemal und muß nicht ständig wiederholt werden wie das Opfer im Tempel. Es zeigt sich hier, daß die Begriffe und Vorstellungen, die zur Interpretation des Christusgeschehens herangezogen werden, alle ein Stück weit hinter der Sache, die sie deuten sollen, zurückbleiben. Die Sache geht nie ganz in den Begriffen auf. Eben darum begnügt sich auch das Neue Testament nicht mit einem Begriff oder einer Vorstellung, sondern greift verschiedene auf, um durch verschiedene Begriffe die Sache zur Sprache zu bringen, die wohl von uns bedacht und erfaßt, aber nie ganz umgriffen werden kann.

3,12–16   Das Unterwegssein des Christen

12 Nicht daß ich es schon erreicht hätte oder schon vollendet wäre. Ich jage aber danach, es zu ergreifen, weil auch ich von Christus Jesus ergriffen worden bin. 13 Brüder, ich bilde mir nicht ein, daß ich es (schon) ergriffen hätte. Eins aber (tue ich): Ich vergesse, was hinter mir liegt, und strecke mich nach dem aus, was vor mir ist. 14 Ich jage auf das Ziel zu, den Siegespreis, der auf die wartet, die Gott in Christus Jesus zu sich nach oben berufen hat[8]. 15 Das laßt uns also bedenken, alle, die wir Voll-

---

[8] Wörtlich: «... den Siegespreis der Berufung nach oben von Gott in Christus Jesus». Damit kann nicht gemeint sein, daß der zu erjagende Siegespreis in der Berufung nach oben besteht. Das hätte ein völlig unbiblisches Verständnis der Berufung zur Folge. Es ist vielmehr der Siegespreis, der der Berufung entspricht, bzw. der den Berufenen zuteil wird.

kommene (sein wollen)! **Und wenn ihr über etwas anders denkt, wird euch Gott auch darin Offenbarung zuteil werden lassen. 16 Nur: wozu wir gelangt sind, daran laßt uns festhalten!**

Bereits in V.11 hatte Paulus den Blick auf die Zukunft gelenkt, die Teilhabe an der Auferstehung Christi der Zukunft vorbehalten und also als ein Hoffnungsgut erklärt, während die Gegenwart des Glaubenden durch die Teilhabe am Leiden und Sterben Christi geprägt ist. Diese Differenzierung zwischen Gegenwart und Zukunft im Blick auf die Heilsgabe und die endgültige Heilsverwirklichung wird nun weiter entfaltet und auf die Situation in Philippi zugespitzt. Wie im vorangehenden Abschnitt spricht Paulus in der 1.Person Singular von sich selbst, jedoch so, daß das, was er von sich selbst sagt, für alle Christen gilt: Er hat es noch nicht ergriffen, ist noch nicht vollendet, sondern jagt ihm nach, vergißt, was hinter ihm liegt und streckt sich nach vorne aus.

Dabei sind die Verse **12–14** durchgehend von der Gegenüberstellung von rechter und falscher Haltung eines Christen bestimmt:

Falsche Haltung:	Rechte Haltung:
(12) Nicht daß ich es schon erreicht hätte oder schon vollendet wäre.	Ich jage aber danach, es zu ergreifen, weil auch ich von Christus ... ergriffen worden bin.
(13) Brüder, ich bilde mir nicht ein, daß ich es schon ergriffen hätte.	Eins aber (tue ich): Ich vergesse, was hinter mir liegt, und strecke mich nach dem aus, was vor mir ist. (14) Ich jage auf das Ziel zu, den Siegespreis ...

Die falsche Haltung besteht in der Meinung, es «schon erreicht» (V.12), «ergriffen» (V.13) zu haben und schon «vollendet» zu sein (V.12) – wobei das, was die Christen meinen, schon erreicht zu haben, dem Zusammenhang nach nur die mit der Auferstehung gegebene Heilsvollendung sein kann (vgl. V.11). Als rechte christliche Haltung setzt Paulus dem entgegen: «ich jage aber danach, es zu ergreifen» (V.12), «ich jage auf das Ziel zu, den Siegespreis» (V.14), das Sich-Ausstrecken nach vorne und das Vergessen, was hinter ihm liegt (V.13). Zu dem Vergessen der Vergangenheit vergleiche man Luk.9,62 und Jes.43,18; 65,16f.; das, «was hinter mir liegt», ist der ganze vergangene alte Äon der Sünde und des Todes. Auf der negativen Seite wird das Erreicht-Haben und Schon-ergriffen-Haben durch das Schon-vollendet-Sein interpretiert. Der Glaubende kann nie meinen, schon am Ziel zu sein, über das Heil schon verfügen zu können, es schon «*ergriffen*» zu haben. Das gleiche Wort taucht zwar auch auf der positiven Seite auf, aber da entweder auf die zukünftige Heilszeit bezogen: «ich jage danach, es zu *ergreifen*», oder passivisch auf das Heilsgeschehen in der Vergangenheit bezogen: «weil ich von Christus Jesus *ergriffen* worden bin». Nur in diesem Sinne kann von der Endgültigkeit eines Erfaßthabens gesprochen werden: einerseits im Blick auf Gottes Heilstat, in der ich ergriffen wurde, andererseits im Blick auf die eschatologische Vollendung, die noch aussteht. Die Gegenwart des Christenlebens wird dagegen durch Ausdrücke der Bewegung beschrieben: «ich jage danach ... ich strecke mich aus ... ich jage auf das Ziel zu». Christliche Existenz wird hier als Unterwegs-Sein verstanden, als Wanderschaft zwischen einer Vergangenheit, die für uns nicht mehr gilt, und die wir um Christi willen vergessen dürfen und vergessen sollen, und einer Zukunft, die uns durch Christi Auferstehung zwar zugesprochen wurde, aber noch aussteht. Daß der Christ unterwegs ist, daß er in der Gegenwart nichts aufzuweisen und nichts in der Hand hat – weder die Zukunft bereits vorweisen kann, und wäre es auch nur in Programmen und Ideologien, noch sich auf die Vorzüge und Leistungen der Vergangenheit berufen kann (vgl. V.4ff.!) –, das gehört zu den Kennzeichen einer durch das Kreuz Christi bestimmten Theologie, einer theologia viatorum, d.h. einer Theologie derer, die unterwegs sind.

Wenn Paulus so stark betont, es noch nicht erreicht zu haben, noch nicht vollendet zu sein und sich nicht einzubilden, es schon ergriffen zu haben, dann setzt das voraus, daß es offensichtlich unter seinen Lesern solche Christen gibt, die meinen, schon am Ziel zu sein. Das zeigt deutlich **V.15**: «Das laßt uns also bedenken, alle, die wir Vollkommene (sein wollen)». Bei dem Vollendet-Sein in V.12 und den «Vollkommenen» in V.15 liegt im griechischen Text der gleiche Begriff zugrunde. Daß Paulus nun hier von «Vollkommenen» spricht, ist also umso auffallender, als er ja in V.12 jedes Vollendetsein für sich abgelehnt hatte. Wenn er nun dennoch von «Vollkommenen» spricht, kann man das nur so verstehen, daß er hier ein Stichwort aufnimmt, das ihm durch die Diskussion vorgegeben ist. Es handelt sich offenbar um ein Stichwort bestimmter Christen in Philippi oder der Irrlehrer, um deren Bekämpfung es von V.2 an geht. Vielleicht haben sich auch beide so bezeichnet, so daß man hier gar nicht streng zwischen Irrlehrern und Philippern trennen kann, und diejenigen Christen in Philippi, die sich als Vollkommene verstanden, für die Agitation der Irrlehrer dann besonders anfällig waren. Dafür spricht die Wendung «alle, die» (sich für Vollkommene halten); es ist offenbar nicht die gesamte Gemeinde, wohl aber eine bestimmte Gruppe in ihr. Solche Vollkommene gab es nach 1.Kor.2,6 auch in Korinth, wo sie mit den Pneumatikern identisch waren, d.h. mit denjenigen, die aufgrund des Geistbesitzes meinten, die allein wahren Christen zu sein. Vollkommenheit war aber auch das Ideal, wie des jüdischen Frommen, so des stoischen Weisen, konnte durch die Weihen der Mysterienkulte erlangt werden, und begegnet schließlich als beliebte Selbstbezeichnung in solchen christlichen Gruppen, die zur Gnosis neigten. So oder so gewinnt die Bezeichnung «Vollkommene» doch einen leicht ironischen Klang, vor allem durch die damit verbundene Aufforderung «das laßt uns also bedenken». Das, was sie bedenken sollen, ist ja nach V.12–14, daß ein Christ immer nur unterwegs sein und also gerade nicht vollendet oder vollkommen sein kann! Christliche Vollkommenheit kann also allenfalls im Wissen um die Unvollkommenheit, um das Noch-nicht-fertig-Sein, und also im Laufen nach dem Ziel bestehen.

Doch was meint Vers 15b: «Und wenn ihr über etwas anders denkt, wird Gott euch auch darin Offenbarung zuteil werden lassen»? Soll hier Toleranz gegenüber anderen Auffassungen ausgedrückt werden? Aber dem Zusammenhang nach kann es doch nur um die eben genannte theologia viatorum, um das Noch-nicht-vollendet-Sein gehen. Es wäre völlig unverständlich, wenn Paulus nun im Nachsatz erklären würde: Ihr könnt freilich auch anders darüber denken! Gänzlich undenkbar, daß Gott ihnen das «offenbaren» könnte, ihnen ein der Theologie des Kreuzes entgegengesetztes Denken offenbaren könnte! Daß Paulus hier von Offenbarungen spricht, was er sonst in der Argumentation nicht tut, könnte darauf hinweisen, daß bei den Adressaten Offenbarungen eine Rolle spielten. Er greift dann wieder ihr eigenes Denken auf, und gemeint ist nicht, daß Gott durch Offenbarungen ihren Vollkommenheitswahn bestätigen wird, sondern im Sinne von Vers 15a ist gemeint: Gott wird ihnen offenbaren, daß der Christ nur so denken kann, wie oben beschrieben, nämlich, daß er noch nicht vollkommen und noch nicht am Ziel ist. Immerhin läßt V.15b doch einen gewissen Toleranzspielraum erkennen, insofern nämlich, als den Lesern Zeit gelassen wird, zu einer Umbesinnung zu kommen. Es wird mit ihrer Umstimmung gerechnet; aber diese muß nicht sofort geschehen, sie kann im Schutz einer künftigen Offenbarung geschehen. Die hier angesprochenen «Vollkommenen» sind also nicht einfach mit den in V.2 als «Hunde» beschimpften Irrlehrern identisch. Sie mögen ihnen zuneigen, werden aber nicht in gleicher Weise behandelt: Im einen Fall unversöhnliche Polemik, im anderen Fall Hoffnung auf Einsicht! Daß Paulus dennoch nicht von seinem Ziel abrückt, zeigt die Mahnung in **V.16**, festzuhalten an dem, «wozu wir gelangt sind» – und das ist eben das oben dargelegte Verständnis der Heilsgabe.

Es empfiehlt sich, die hier angeredeten Vollkommenen noch einen Augenblick besser zu verstehen zu suchen im Rahmen ähnlicher im NT greifbarer Strömungen. Wir sahen, daß sie sich für schon vollendet und am Ziel glauben und daß diese ihre Überzeugung nach 10f mit ihrem Verständnis der Auferstehung Jesu zusammenhängen muß. Ähnliches finden wir bei den Enthusiasten in Korinth, die sich nicht nur gleichfalls als Vollkommene sehen (1.Kor.2,6), sondern meinen, aufgrund des Geistbesitzes schon in himmlischer Sättigung im Reich Gottes zu sein (1.Kor.4,8) und der künftigen Auferstehung nicht mehr zu bedürfen (1.Kor.15,12; vgl. 2.Tim.2,18). Nun ist an diesem Enthusiasmus, der die Gegenwart schon ganz von den Gaben der Heilszeit bestimmt sieht, nicht einfach alles falsch. Hier hat man begriffen, daß mit Christi Tod und Auferstehung die entscheidende Wende geschehen ist, nach der nun nicht mehr alles beim Alten bleiben kann. Man hat begriffen, daß christlicher Glaube nicht mehr nur – wie im apokalyptischen Judentum – eine Hoffnung auf die Zukunft des Reiches Gottes sein kann, und zwar deshalb nicht, weil das Entscheidende bereits geschehen ist. Frühchristliche Hymnen haben das mit besonderer Deutlichkeit betont: Der Gekreuzigte ist erhöht, die Mächte sind ihm unterworfen, die Welt ist nun in der Hand des Gekreuzigten! Herr ist Jesus Christus! Auch Paulus kann sich, wie Phil.2,6–11 zeigt, diese Aussage zu eigen machen und auch selbst die Gegenwärtigkeit des Heils hervorheben: Wer in Christus ist, ist «die neue Schöpfung» (2.Kor.5,17); «siehe, jetzt ist der Tag des Heils» (2.Kor.6,2). Wo man freilich aufgrund der Auferstehung Christi die Gegenwärtigkeit des Heils derart massiv und undialektisch propagiert, wie das die Enthusiasten in Korinth und die Vollkommenen in Philippi tun, ist man nicht nur in Gefahr, das Kreuz Jesu und seine Bedeutung für das Christenleben zu verdrängen und den Glauben mit Schauen zu verwechseln, sondern darüber hinaus die Wirklichkeit menschlicher Existenz zu überspielen. Krankheit, Leiden und Tod werden dann ausgeblendet, oder – schlimmer noch – als ein Nicht-ganz-im-Glauben-Stehen verdrängt. Die Heilsgabe wird dann spiritualisiert, Auferstehung zu einem rein innerlichen Vorgang, der den äußeren Leib nicht mehr umfaßt, und Gottes Herrschaft auf die menschliche Innerlichkeit reduziert. Aber dann wäre Gott nicht mehr der Herr des ganzen Menschen, wenn die menschliche Leiblichkeit von seiner Herrschaft ausgenommen bliebe. Eben weil Gottes heilvolle Herrschaft dem ganzen Menschen und der ganzen Schöpfung gelten soll, darum muß Paulus daran festhalten, daß die Auferstehung noch nicht Gegenwart und die Christen noch nicht am

Ziel sind. Nur so bleibt der Christ im Glauben: denn die Gegenwärtigkeit des Heils ist nur im Glauben faßbar, ist aber nicht vor der Welt aufweisbar, sondern ist verborgen unter der Gestalt des Kreuzes.

3,17–4,1   Mahnung zum Feststehen im Glauben

17 Folgt mir nach, Brüder, und achtet auf die, die so leben; ihr habt ja uns zum Vorbild! 18 Denn es gibt viele – ich habe euch oft von ihnen gesprochen und muß es jetzt unter Tränen sagen – die als Feinde des Kreuzes Christi leben. 19 Ihr Ende ist das Verderben, ihr Gott ist der Bauch, und ihre Herrlichkeit wird in ihrer Schmach bestehen, ihr Trachten geht auf das Irdische. 20 Denn:
   Der Staat, dem wir angehören, ist im Himmel;
   von dorther erwarten wir auch als Retter den Herrn Jesus Christus,
21 der unseren armseligen Leib verwandeln
   und seinem verherrlichten Leib gleichgestaltet wird,
   entsprechend der Kraft, mit der er mächtig ist,
   sich auch das All zu unterwerfen.
4,1 Deshalb, meine lieben Brüder, nach denen ich mich sehne, meine Freunde und mein Ehrenkranz, steht auf diese Weise fest im Herrn, Geliebte!

Vers 17 bringt einen gewissen Neueinsatz, wie die Anrede «Brüder» und die beiden Imperative zeigen. Doch heißt das nicht, daß nun ein anderes Thema mit anderer Frontstellung angeschnitten würde, wie die mancherlei Beziehungen zwischen V.17–21 und dem Vorangehenden zeigen. Paulus ermahnt, ihm nachzufolgen – man kann auch übersetzen: ihn nachzuahmen – und denen, «die so leben». Der enge Zusammenhang mit dem Vorangehenden ist hier ganz deutlich, denn worin diese Nachahmung sich zeigen soll, wird nicht gesagt; das «so leben» greift vielmehr auf V.16 zurück: «wozu wir gelangt sind, daran laßt uns festhalten». Es ist also die ganze in V.7–16 dargelegte Haltung gemeint, der sie als Vorbild folgen sollen. Die folgenden Verse machen die Dringlichkeit dieser Mahnung deutlich. Dabei sprechen die Verse 18–19 von den Gegnern, den «Feinden des Kreuzes Christi», denen in V.20–21 die Haltung der wahren Glaubenden («wir») gegenübergestellt wird **V.18.** Daß die Gegner «viele» sind, darf man nicht als eine genaue Angabe über den Prozentsatz solcher Leute in Philippi verstehen. Es gehört vielmehr zum Stil, so von den Gegnern zu reden (vgl. Mat.24,5.11; 1.Kor.16,9; 2.Kor.2,17; 11,18; Tit.1,10; 1.Joh.4,1). Nach V.18 muß Paulus schon früher die Gemeinde über diesen Sachverhalt ermahnt haben. Da der in 1,1–3,1 enthaltene Brief aber keine derartige Warnung enthält, muß man annehmen, daß Paulus in der Zwischenzeit zu einem erneuten Besuch in Philippi war und bei dieser Gelegenheit seine Warnungen aussprach. «Ich muß es jetzt unter Tränen sagen» bringt gegenüber den früheren Warnungen noch eine Steigerung. Das «jetzt» zeigt, daß inzwischen etwas Neues eingetreten sein muß, das ihn bis zu Tränen erschüttert hat. Offenbar hat er jetzt neue Nachrichten über die Aktivität dieser Gegner und die Bedrohung der Gemeinde erhalten. Es geht um «Feinde des Kreuzes Christi». Das sind nicht einfach Juden oder Nichtchristen; denn Paulus spricht vom Kreuz Christi nur in ganz bestimmten theologischen Zusammenhängen. Das Kreuz Christi oder das «Wort vom Kreuz» steht entweder in Gegensatz zur Gesetzesfrömmigkeit der Judaisten (Gal.5,11; 6,12ff.), oder zum Weisheitsstreben christlicher Enthusiasten (1.Kor.1,17f.). Beidemale ist das Kreuz das Ende des menschlichen Rühmens. Damit aber sind die in V.18 genannten Feinde des Kreuzes Christi identisch mit denen, die nach V.2–16 auf ihre eigene Frömmigkeit vertrauen und sich ihrer Vollkommenheit rühmen.

Von ihnen ist auch in **V.19** die Rede. Man wird aber diese etwas dunklen Andeutungen nicht als eine genaue Beschreibung der Gegner verstehen dürfen, sondern eher als allgemeine Polemik und als Bloßstellung ihrer Ideale. Eine Reihe von Auslegern sah die Gegner hier als krasse Libertinisten gezeichnet, also als Menschen, die in zügellosem Freiheitswahn alle ethischen Bindungen beiseiteschieben, und zog daraus die Folgerung, daß sich V.17–21 gegen andere Leute richten müsse als V.2–16. Unsere bisherigen Beobachtungen hatten aber gezeigt, daß eine durchgehend einheitliche Argumentation vorliegt und V.17–21 deutlich auf die vorangehenden Aussagen Bezug nimmt. Nichts deutete bisher darauf hin, daß nun an einer neuen Front mit anderen Gegnern gekämpft werden solle. Man wird deshalb zunächst zu fragen haben, ob sich die Aussagen von V.19 nicht gleichfalls im Zusammenhang der bisherigen Frontstellung verstehen lassen.

Die erste der vier Aussagen («ihr Ende ist das Verderben») sagt über den besonderen Charakter dieser Leute gar nichts, sondern entspricht ganz allgemeiner Polemik gegen Ketzer und Ungläubige, denen vorausgesagt wird, daß sie im Verderben enden werden, wobei mit dem «Ende» Gottes Gericht gemeint ist, das dem Sünder das Verderben bringt.

Schwieriger zu verstehen ist die zweite Aussage: «ihr Gott ist der Bauch». Sie ist der eigentliche Grund dafür, daß einige Ausleger hier Libertinisten bekämpfen sahen. Man verstand dann so, daß «ihr Bauch», d.h. Wohlleben, Essen und Trinken, für sie «ihr Gott», d.h. ihr höchster Wertmaßstab sei, und entnahm daraus, daß diese Leute Genußmenschen, Schlemmer, Libertinisten waren. Nun ist nicht zu bestreiten, daß «Bauch» in der Antike diese Bedeutung haben kann. Aber das ist keineswegs die einzige Verständnismöglichkeit, und selbst da, wo «Bauch» mit menschlichen Begierden und Schwächen in Zusammenhang gebracht wird, folgt daraus nicht, daß die so Bezeichneten wirklich Libertinisten waren. Die Bezeichnung kann auch einfach der vergröbernden Ketzerpolemik entsprechen wie in 3.Makk.7,11, wo von Juden, die auf staatlichen Druck hin sich zum Götzenopfer verleiten ließen und also vom strengen Toraglauben abgefallen waren, gesagt wird, daß sie «um des Bauches willen» die göttlichen Gebote übertreten hätten. Auch diese Juden waren nicht im eigentlichen Sinne «Fresser» oder Libertinisten. Aber ihnen war das Leben mehr wert als der strenge Toragehorsam; und die Polemik macht daraus: sie haben um des Bauches willen die göttlichen Gebote übertreten. Mir scheint auch Phil.3,19 in diesem Sinne zu verstehen sein. Es liegt wie bei den anderen Gliedern vergröbernde Ketzerpolemik vor, die nicht als eine genaue Beschreibung des Gegners mißverstanden werden darf. Die nächste Parallele zu solcher Polemik findet sich Gal.6,12, wo Paulus den Judaisten vorwirft, die Beschneidung nur deshalb zu predigen, damit sie nicht wegen des Kreuzes Christi verfolgt werden, d.h. also aus Sorge um ihr Wohlleben. Entsprechend lautet der Vorwurf in Phil.3,19 dahin, daß es den Gegnern eigentlich nur um ihren eigenen «Bauch», um ihr Wohlleben gehe, also darum, Unannehmlichkeiten zu vermeiden.

Polemisch ist auch die dritte Aussage: «ihre Herrlichkeit wird in ihrer Schmach bestehen». Was wir mit «Schmach» übersetzen, bezeichnet häufig das endgültige Zuschandewerden in Gottes kommendem Gericht (Dan.12,2; Jes.42,17; Röm.5,5; 9,33 u.ö.). Wie ihr Ende das Verderben sein wird, so wird auch Schmach an Stelle von Herrlichkeit auf sie warten. In der vierten Aussage, daß ihr Trachten auf das Irdische gehe, könnte man wieder eine Anspielung auf den Libertinismus der Gegner sehen. Aber die Fortsetzung weist in eine andere Richtung. Denn dem Trachten nach dem Irdischen wird in V.20f. ein Ausgerichtetsein auf das, was vom Himmel kommt, auf die eschatologische Vollendung entgegengesetzt, also eine Haltung, die nach V.12–16 im Gegensatz steht zu dem Vollkommenheitsenthusiasmus derer, die meinen, schon jetzt die Vollendung erreicht zu haben. Sie meinen zwar, vollkommen zu sein, aber in Wahrheit trachten sie nicht nach oben, sondern nach Irdischem; denn mit ihrem Gesetzes-Enthusiasmus vertrauen sie auf das Irdisch-Vergängliche. Die hier genannten Feinde des Kreuzes Christi sind also dieselben Leute, die schon der vorangehende Abschnitt im Visier hatte.

V.20f. Im Gegensatz zur Haltung der Feinde des Kreuzes wird nun die der Glaubenden gekennzeichnet: «Der Staat, dem wir angehören, ist im Himmel», d.h. unser Denken und Trachten ist gerade nicht vom Irdischen bestimmt, sondern von einer Größe, die nicht hier im Irdischen verfügbar ist, die uns zu Wartenden macht. Darum lebt die Gemeinde nicht in dem Wahn, schon hier die Vollendung haben zu können, sondern lebt in der Hoffnung: Wir erwarten von dort her, d.h. vom Himmel, vom Jenseits unserer Möglichkeiten her, den Retter. Darum erwartet sie auch das Heil nicht von der eigenen Leistung, sondern vom Herrn. In den Versen 20 und 21 findet sich eine Reihe von Begriffen, die Paulus sonst nicht gebraucht. Da zudem die Verse sich leicht in Zeilen gliedern lassen und einen gewissen Parallelismus der Glieder zeigen, nehmen verschiedene Forscher an, daß Paulus hier ein Lied oder ein festes Traditionsstück zitiert. Doch ist die Naht zwischen dem zitierten Traditionsstück und dem Kontext nicht so deutlich erkennbar wie etwa bei dem Christus-Hymnus in Phil.2,6–11; die Aussage von V.20f. ist enger mit der vorangehenden Argumentation verbunden. Doch würde die Annahme, daß Paulus hier ein Traditionsstück zitiert, die etwas auffallende Begrifflichkeit gut erklären. Am auffallendsten ist der Ausdruck, den wir mit «Staat» übersetzten. Das griechische Wort («politeuma») begegnet sonst nirgends im Neuen Testament und bezeichnet sonst vor allem das Gemeinwesen, den Staat, daneben aber auch die Staatsverfassung und zuweilen auch das Bürgerrecht. Die in manchen Übersetzungen sich findende Wiedergabe mit «Heimat» ist zwar etwas frei, trifft aber durchaus den Ton der Aussage. Denn daß der Staat, dem wir angehören, im Himmel ist, meint ja doch, daß wir hier nicht zu Hause sind, unser Denken und Trachten daher nicht vom Irdischen bestimmt ist. Neben der räumlichen Begrifflichkeit, in der hier die christliche Zukunftshoffnung umschrieben wird («Himmel», «von dorther») fällt vor allem auf, welche Aussagen über das Kommen Christi gemacht werden und welche nicht. Wir lesen nichts vom Gericht über Tote und Lebende, statt dessen von der Unterwerfung des Alls (vgl. 1.Kor.15,27f.; Eph.1,22; Heb.2,8) und von der Verwandlung unseres armseligen Leibes (vgl. 1.Kor.15,51f.), der seinem verherrlichten Leib gleichgestaltet werden soll. Nicht ein umfassendes kosmisches Drama wird entwickelt, sondern der Blick allein auf die Erlösung in der Herrschaft Jesu Christi gerichtet, in der die auch vom Glaubenden immer wieder leidvoll erfahrene Begrenztheit und Todverfallenheit seines Tuns und Lebens überwunden ist. Dabei muß dem griechischen Leser der Bezug zu V.10 auffallen. Sagt V.10, daß wir in der Gegenwart «seinem Tod gleichgestaltet» werden, so V.21, daß der kommende Retter unseren armseligen Leib verwandeln und seinem verherrlichten Leib «gleichgestalten» wird. Das eine ist die Kehrseite des anderen. Die Verwandlung in die Auferstehungsherrlichkeit Christi hinein ist eschatologische Zukunft; für die Gegenwart gilt, daß wir seinem Tod gleichgestaltet werden. Und so wie die Teilhabe am Tod Christi dem Glaubenden Teilhabe an der künftigen Auferstehungsherrlichkeit gibt, so gibt es Teilhabe an der kommenden Auferstehungsherrlichkeit nur für den, der sich in der Gegenwart von seinem Tod prägen läßt, der die Niedrigkeit des Kreuzes Christi nicht verdrängt und den Glauben nicht durch das Schauen zu überspielen sucht.

V.4,1. Der Abschnitt endet mit der Mahnung, auf diese Weise festzustehen. Über die charakteristische Mahnung zum «Feststehen» war schon zu 1,27 gesprochen worden (S. 37). Die Christen sollen nicht erst noch etwas werden oder sich selbst zu etwas machen, sondern im geschenkten Gnadenstand - «im Herrn» - bleiben, feststehen. Nichts anderes wird von ihnen erwartet, als sich darin nicht irre machen zu lassen, auf dem Weg, auf den sie gestellt sind, zu bleiben und gewisse Schritte zu tun.

Exkurs: **Die Irrlehrer in Phil. 3**

Wir sahen, daß Phil.3,2–4,1 einen selbständigen Briefteil darstellt mit einem eigenen Thema, das in den vorangehenden Kapiteln weder vorbereitet wird noch anklingt. Zwar mahnen schon 1,27 und 2,1–4 zur Einigkeit in der Gemeinde. Aber ob diese Uneinigkeit, gegen die sich die Mahnungen wenden, eine Vorstufe der in Phil.3 bekämpften Irrlehre war, läßt sich nicht feststellen, sondern allenfalls vermuten. Auf jeden Fall setzt Phil.3 einen fortgeschrittenen Stand der Spannungen voraus, und aus 3,18 geht hervor, daß Paulus zwischenzeitlich noch einmal in Philippi war und vor diesen Leuten gewarnt hat, jetzt aber offenbar neue, alarmierende Nachrichten erhalten hat. Das alles deutet darauf hin, daß Phil.3 einem besonderen, späteren Brief angehört.

Welcher Art sind die hier bekämpften «Feinde des Kreuzes Christi»? Die Auslegung hat gezeigt, daß 3,2–4,1 eine durchgehende, einheitliche und zusammenhängende Argumentation enthält. Es ist daher nicht damit zu rechnen, daß Paulus in diesem kurzen Kapitel an mehreren Fronten gegen verschiedene Irrlehrer kämpft. Das hat man zwar verschiedentlich gemeint. Man sah zuweilen im ersten Teil des Kapitels Juden oder Judaisten und im zweiten Teil christliche Libertinisten bekämpft. Aber solche Aufspaltungen sind nicht nur unnötig, angesichts der Kürze des Kapitels und der fließenden Übergänge unwahrscheinlich, sie übersehen auch den argumentativen Zusammenhang, der das ganze Kapitel bestimmt. Es ist daher eine einheitlich durchgehende Frontstellung in den Blick zu fassen.

Es ist recht unwahrscheinlich, daß es sich bei diesen Leuten um rein jüdische Agitatoren handelte, die versucht haben sollten, die Christen in Philippi von ihrem Christentum abzubringen und zum Judentum hinüberzuziehen. Für die heidenchristlichen Philipper hätte solche Propaganda kaum eine derartige Versuchung bedeutet, wie sie Phil.3 voraussetzt, auch nicht, wenn sie dadurch den Schutz des Judentums als einer vom Staat erlaubten Religion (religio licita) gewinnen konnten. Eine wirkliche Gefahr entstand nach Ausweis der Paulusbriefe und der Apostelgeschichte immer nur da, wo sich jüdische Tora-Religion und Christenglaube in der Weise verbanden, daß erst durch die Integration des Christusglaubens in die Tora-Religion eine Heilsgewißheit für die Heidenchristen erreichbar erschien, wo man also vorgab, das Eigentliche des Christenglaubens erst dadurch zu sichern und zu seiner vollen Wirkung zu bringen, daß man ihm noch etwas hinzufügte: das mosaische Gesetz als Ausdruck einer besonderen Religiosität, geheimnisvolle sakrale Riten, den Nimbus einer uralten Weisheit. Es muß sich also um christliche Missionare gehandelt haben, die von außerhalb in die überwiegend heidenchristliche Gemeinde gekommen waren. Diese christlichen Missionare sind freilich jüdischer Herkunft, wie die Polemik 3,2ff.zeigt. Sie führen die jüdischen Ehrentitel für sich ins Feld, daß sie «Hebräer» und «Israeliten» und daß sie beschnitten sind. Offenbar fordern sie auch von den Christen die Beschneidung. Paulus versteht ihre Agitation jedenfalls so, daß den Christen durch Beschneidung und Übernahme des mosaischen Gesetzes der Gewinn des Heils versprochen wird. Wie die Argumentation in 3,2–11 zeigt, stehen diese Leute in einer gewissen Nähe zu den Irrlehrern, die im Galaterbrief bekämpft werden. Freilich kommt nun noch etwas hinzu, was die Gegner des Galaterbriefes nicht oder zumindest nicht so erkennen lassen. Paulus muß sich in Auseinandersetzung mit ihnen zugleich dagegen wenden, daß der Christ schon am Ziel, schon vollendet und vollkommen sei. Wenn er diesem Vollendungsglauben betont entgegenhält, daß der Christ noch nicht am Ziel ist (3,12) und die Teilhabe an der Auferstehung der Toten noch aussteht, dann ist daraus zu entnehmen, daß die Gegner mit ihrer Gesetzesfrömmigkeit (Nomismus) eine enthusiastische, spiritualistische Vorwegnahme der Heilszeit verbanden, ähnlich den Enthusiasten in Korinth, für die es keine künftige Auferstehung mehr gibt, weil sie schon jetzt im Geist leben und zu herrschen meinen (1.Kor.4,8; 15,12), oder den Gnostikern von 2.Tim.2,18, für die die Auferstehung schon Gegenwart ist. Sie sind also keine reinen Nomisten, sondern verbinden damit zugleich einen spiritualistischen Enthusiasmus. Damit kommen sie einer Tendenz entgegen, die sich auch bei den «Vollkommenen» in Philippi findet.

So passen diese Irrlehrer durchaus in das Bild, das wir anderwärts über frühchristliche Strömungen und Häresien gewinnen. Man muß sich nur davor hüten, sie direkt mit einer der aus den anderen Briefen bekannten Gruppen gleichzusetzen. Sie sind weder mit den Gegnern in Galatien, noch mit denen in Korinth oder im Kolosserbrief einfach identisch. Überhaupt wird man in diesen Gruppen nicht klar umgrenzte Sekten mit ausgebildeten theologischen Systemen sehen dürfen, was dann solche Identifizierungen oder auch klare Abgrenzungen erlauben könnte. Vielmehr haben wir mit einem breiten Strom missionarischer Aktivitäten vorwiegend judenchristlicher Provenienz (auch Paulus war ja Jude!) recht unterschiedlicher Ausprägung zu rechnen. Waren diese Missionare jüdischer Herkunft, so heißt das jedoch nicht ohne weiteres, daß sie ein orthodoxes Judentum mitbrachten und mit ihrem christlichen Glauben verbanden. Die schillernde Vielfalt der religiösen Strömungen jener Zeit läßt eher an ein hellenistisch geprägtes, sich mit anderen Ideen vermischendes (synkretistisches) und von den offiziellen Lehren abweichendes Judentum denken. Schon die Judaisten des Galaterbriefes zeigen einen synkretistischen Einschlag, die judenchristlichen Missionare des 2.Korintherbriefes sind ganz von der hellenistischen Vorstellung vom «göttlichen Menschen» bestimmt und die des Kolosserbriefes verbinden Mysterienfrömmigkeit mit gnostischem Denken. Es paßt durchaus in diesen Rahmen, wenn die «Feinde des Kreuzes Christi» von Phil.3 einen jüdischen Gesetzesglauben mit spiritualistischer Heilserwartung und anderen Elementen verbanden.

Es zeigt sich hier, daß das Christentum nicht, wie man jahrhundertelang meinte, mit einer von Anfang an fertig ausgebildeten einheitlichen Orthodoxie in die Welt trat, die dann erst nachträglich von Irrlehrern verfälscht worden wäre. Am Anfang stand vielmehr eine Vielzahl von Versuchen, das auszusagen und zu verkünden, was das Christus-Geschehen bedeutet. In dieser Vielfalt zeigt sich die Freiheit des Geistes, dem es primär nicht um Abgrenzungen, sondern um die Bezeugung des Heilshandelns Gottes in Christus geht. Daß es darunter auch fragwürdige Versuche und Ausdeutungen gab, liegt auf der Hand und wird durch die mancherlei theologischen

Auseinandersetzungen in den neutestamentlichen Schriften bestätigt. Angesichts solcher Pluriformität christlicher Predigt stellt sich unabweisbar die Frage nach den Kriterien für echte christliche Verkündigung. Woher weiß Paulus, daß das, was die Agitatoren in Philippi propagieren, nicht rechte Verkündigung ist? Trotz der Kürze der argumentativen Ausführungen in Phil.3 wird doch deutlich, welches Kriterium Paulus hat: es ist das Christus-Geschehen, das so beherrschend sein Denken bestimmt (V.7ff.), daß er von daher alle Lehre und alles Denken beurteilen und richten muß. An den breiteren Ausführungen des Galater- und des Römerbriefes läßt sich das noch deutlicher zeigen, ist aber auch in Phil.3 nicht zu übersehen: von dieser Mitte her wird alle Verkündigung beurteilt; Freiheit und Gebundenheit christlicher Verkündigung sind hier begründet.

4,2–3 Persönliche Ermahnungen

2 Euodia ermahne ich, und Syntyche ermahne ich, eines Sinnes im Herrn zu sein. 3 Ja, ich bitte auch dich, bewährter Genosse, nimm dich ihrer an. Sie haben mit mir für das Evangelium gekämpft, zusammen mit Klemens und den übrigen Mitarbeitern, deren Namen im Buch des Lebens stehen.

Die beiden Verse sprechen bestimmte, einzelne Personen in Philippi an. Zwei namentlich genannte Frauen werden ermahnt, eines Sinnes zu sein. Was Anlaß und Inhalt der Zwistigkeit ist, wird nicht sichtbar; aber die Versöhnung wird besonders dringlich gemacht, weil es sich um bewährte Mitarbeiter handelt, deren Einsatz lobend hervorgehoben wird und deren Erwählung bezeugt wird: ihre Namen stehen im Buch des Lebens. Damit ist ein Bild aufgegriffen, das schon im Alten Testament begegnet (2.Mos.32,32; Ps.69,29; Dan.12,1), und wie im Judentum (Jubiläen 19,9; äth.Henoch 47,3) so auch im Neuen Testament geläufig ist (Luk.10,20; Heb.12,23; Off.3,5; 20,12). Es macht besonders eindrücklich, daß Gott den betreffenden Menschen kennt, zu den Seinen rechnet und auch in Zukunft rechnen wird - was aufgeschrieben ist, wird nicht vergessen! Das Bild ist also ein Ausdruck für die Heilsgewißheit der Christengemeinde, die sich zum Leben erwählt weiß durch unverbrüchliche Verankerung in Gottes Gnadenrat. Dabei ist diese unsre Erwählung in Christi Tod vollzogen worden; deshalb wird das Buch des Lebens in Off.21,27 zugleich als das Buch «des Lammes» bezeichnet. **V.3** enthält noch ein besonderes Problem: wer ist mit dem «bewährten Genossen» gemeint, der sich dieser Frauen besonders annehmen soll? Müßte man da nicht einen Namen erwarten? Da das griechische Wort Syzygos nicht nur den Gefährten oder Genossen, sondern auch den Gatten oder die Gattin bezeichnet, meinten einige Ausleger, daß Paulus hier seine Ehefrau anrede, die er in Philippi zurückgelassen habe. Aber von einer Ehefrau des Apostels erfahren wir sonst nirgends etwas; 1.Kor.7,7; 9,5 deuten eher darauf hin, daß Paulus unverheiratet war. Andere vermuten in Syzygos einen Eigennamen, was zwar möglich, angesichts des beigefügten Eigenschaftswortes («rechtmäßig», «bewährt») aber unwahrscheinlich ist. So ist die wahrscheinlichste Bedeutung doch «Gefährte», «Genosse». Zwar bringt dies die Schwierigkeit, daß der Name dieses Gefährten dann ungenannt bleibt; aber Paulus kann auch sonst den Namen eines Mitarbeiters unausgesprochen lassen (2.Kor.8,18.22; 12,18). Der Gefährte des Paulus ist ja in Philippi anwesend, und er selbst und die Gemeinde weiß, wer gemeint ist. Das setzt freilich voraus, daß es sich nicht um einen beliebigen, sondern um einen recht bekannten und engen Mitarbeiter des Apostels handelt. Dann paßt der kleine Abschnitt aber schlecht zum Brief 1,1–3,1; denn 2,19–24 setzt voraus, daß in Philippi kein enger Mitarbeiter des Apostels anwesend ist. Diese Einschränkung gilt dagegen nicht für den Kampfbrief 3,2–4,1, an den sich diese Ermahnungen ganz gut angeschlossen haben können.

4,4–9   Schlußmahnungen

**4 Freut euch im Herrn zu jeder Zeit! Ich werde es noch einmal sagen: Freut euch! 5 Eure Güte werde allen Menschen bekannt! Der Herr ist nahe. 6 Sorgt euch um nichts, sondern in allem bringt eure Bitten betend und flehend mit Dank vor Gott! 7 Und der Friede Gottes, der weiter reicht als alle Vernunft, wird eure Herzen und eure Gedanken in (der Gemeinschaft mit) Christus Jesus bewahren.
8 Zum Schluß, Brüder, was immer wahr, ehrbar, recht, was lauter, liebenswert ist und guten Ruf hat, alles, was Tugend heißt und Lob verdient, darauf seid bedacht! 9 Und was ihr gelernt und empfangen und gehört und an mir gesehen habt, das tut! Und der Gott des Friedens wird mit euch sein.**

V.4–9 gliedert sich in die beiden Abschnitte V.4–7 und V.8–9, die durch ihren weithin parallelen Aufbau auffallen. Beidemale werden zunächst einige allgemeine Ermahnungen gebracht, die aber nicht Einleitungen zu ausführlicheren Ermahnungen sind, sondern den Eindruck einer zusammenfassenden Schlußermahnung machen, was in V.8 durch die Einführung mit der Wendung «zum Schluß» (wie in 3,1!) noch hervorgehoben wird. Auf diese Ermahnung folgt beidemale ein Friedensspruch: V.7 «Und der Friede Gottes ... wird ... bewahren», sowie V.9 «Und der Gott des Friedens wird mit euch sein». Mit einem solchen Friedensspruch pflegt Paulus aber sonst nicht nur seine Ermahnungen, sondern seine Briefe überhaupt zu schließen. So schließt in 2.Kor.13,11 ein Friedensspruch die Ermahnungen und damit den Brief ab, worauf nur noch Grüße und ein Gnadenspruch folgen. Ebenso dürfte der Römerbrief in Röm.15,33 mit einem solchen Friedensspruch geschlossen haben (wenn Röm.16, wie wahrscheinlich, nicht zum ursprünglichen Brief gehörte), nachdem zuvor schon ein anderer Friedensspruch in Röm.15,13 den ermahnenden Teil abgeschlossen hatte. Das alles spricht dafür, daß Paulus auch hier mit Schlußmahnungen und Friedenswort zum Briefende kommen wollte. Dann ist es aber höchst unwahrscheinlich, daß Paulus zweimal im gleichen bei ihm üblichen Schema zum Briefschluß ansetzte; d.h. die Abschnitte V.4–7 und V.8–9 können ursprünglich nicht hintereinander gestanden haben, sondern müssen zu verschiedenen Briefen gehört haben. Damit stellt sich wieder die Frage nach der Komposition des Philipperbriefes. Daß 1,1–3,1 einerseits und 3,2–4,1 andererseits zu zwei verschiedenen Briefen gehörten, war uns bisher wahrscheinlich geworden. Dazu paßt es, daß wir nun auch zwei Schlußabschnitte mit Schlußmahnungen und Friedenswort vorfinden. Und da in V.4 wieder das Thema der Freude auftaucht, das den Gefangenschaftsbrief 1,1–3,1 bestimmte (1,4.18.25; 2,17f.28f.; 3,1), dürfte V.4–7 wohl zu diesem Brief gehört haben.
Die Schlußmahnungen begannen dann wohl ursprünglich mit 3,1: «Zum Schluß, meine Brüder, Freut euch im Herrn! Ich scheue mich nicht, euch (immerwieder) dasselbe zu schreiben; euch macht es fest.» Entsprechend wiederholt Paulus nun nochmals **V.4**: «Freut euch im Herrn zu jeder Zeit! Ich werde es noch einmal sagen:

Freut euch!» Die Wiederholung gibt der Aufforderung vermehrtes Gewicht. Gegenüber 3,1 wird aber nun hinzugefügt: «zu jeder Zeit». Das «zu jeder Zeit» macht deutlich, daß die Freude des Glaubens nicht von besonderen Situationen und günstigen Umständen abhängig ist. Sie hat ihren Grund ja nicht in der Welt, sondern in Gottes Zuneigung, und ist daher die konkrete Ausprägung des Glaubens. Weil Glauben heißt, sich nicht das Leben selbst sichern zu müssen, sondern aus der schenkenden Güte Gottes heraus leben zu dürfen, darum kann sich Glaube nur in Freude auswirken – andernfalls würde ja der ganze Bereich der Gefühle und der Emotion aus dem Lebensvollzug des Glaubenden ausgeklammert. Gal.5,22 bezeichnet deshalb die Freude als eine Frucht des Geistes, und Phil.1,25 bringt die Genitiv-Verbindung «Freude des Glaubens».

V.5. Aber die Freude des Glaubens kann nicht Selbstzweck, darf nicht introvertiert sein, sondern muß sich dem anderen zuwenden. Darum lautet die nächste Mahnung: «Eure Güte soll allen Menschen bekannt werden». Der Zusammenhang mit der Aufforderung zur Freude ist nicht zu übersehen; denn die Freude des Glaubens ist ja die Freude über Gottes Güte, die er uns zugewandt hat. Seine Güte aber zielt darauf, daß der Mensch nun seinerseits, als Antwort und Reaktion darauf, zur Güte fähig wird und Güte übt. Man beachte: «allen Menschen» soll unsere Güte bekannt werden, also nicht nur den Gesinnungsgenossen, Mitchristen und Angehörigen, sondern auch den Draußenstehenden, Gleichgültigen, «allen Menschen». Jesu Entschränkung der Liebe auch auf den Feind (Mat.5,43ff.) steht – auch ohne formale Anklänge – deutlich im Hintergrund. Der folgende kurze Satz «der Herr ist nahe» kann nur als Begründung und Motivation der Mahnung gedacht sein: weil der Herr nahe ist, darum lebt so! Die Nähe des Herrn ist dabei zweifellos im zeitlichen Sinne gemeint. Paulus erhofft, wie die übrige Urchristenheit, die baldige Wiederkunft Christi, möglichst noch zu Lebzeiten (vgl. Mark.9,1; 1.Thess.4,15; 1.Kor.7,29; Röm.13,11f.). Doch ist dabei zu beachten, daß nicht die Naherwartung die christliche Zukunftshoffnung begründete, sondern umgekehrt die Hoffnung auf den kommenden Sieg Christi (auf Grund seiner Auferstehung) zur Naherwartung führte. Diese Hoffnung konnte deshalb auch dann noch festgehalten werden, als die Zeit verstrich und die Naherwartung nachließ. Denn die Hoffnung gründete ja nicht im Enthusiasmus – den Naherwartung fast immer im Gefolge hat –, sondern in dem Wissen, daß dem Gekreuzigten und Auferstandenen von Gott die Zukunft gegeben ist. Eben dieses Wissen führt zur Freude und hilfsbereiter Güte.

V.6. Eng damit verbunden ist die Mahnung, nicht zu sorgen. Die Sorgen, die aus den Beschwerden und Nöten des Alltags entstehen, können ja die Freude unmöglich machen. Die Freude des Glaubens ist also nur möglich, wenn man nicht sorgt. Sorgen und Glauben stehen in Gegensatz zueinander: heißt Glauben, aus der schenkenden Güte Gottes zu leben, so meint die Sorge, sich das Leben selbst sichern zu müssen, allein auf sich selbst und die eigenen Kräfte gestellt. Von der Sorge frei aber wird der, der sein Anliegen in Gebet und Flehen vor Gott bringen kann, der für ihn sorgt (1.Pet.5,7; Mat.6,25ff). Daß bei solchem Beten Gott nicht einfach zum Erfüllungsgehilfen unsrer Wünsche gemacht wird, drückt sich darin aus, daß dieses Gebet «mit Dank» geschehen soll. Wer bei seinem Bitten Gott zugleich dankt, zeigt damit eine gewisse Distanz zu seinen Wünschen, ein Wissen, daß Gott so oder so zu danken ist, ob seine Hilfe den Vorstellungen des Beters entspricht oder nicht.

V.7. Der folgende Friedensspruch ist uns vom Gottesdienst her als Kanzelsegen vertraut: «Der Friede Gottes, der höher ist als alle Vernunft, bewahre eure Herzen und Sinne in Christus Jesus». Doch ist zu beachten, daß der Text nicht von einem

Wunsch spricht, sondern eine Aussage macht: «Der Friede Gottes ... wird eure Herzen ... bewahren». Nicht ein Wunsch wird ausgesprochen, sondern eine Zusage gemacht. Dabei ist der Friede Gottes als eine Macht verstanden, die den Menschen – den ganzen Menschen, sowohl sein Herz als Zentrum seines Wollens, als auch sein Denken – im Heilsbereich Jesu Christi bewahrt. Der Friede, den Gott durch seine Versöhnungstat geschlossen hat, ist die den Menschen bestimmende Größe und Macht, so daß nichts in der Lage ist, ihn aus diesem Heilsbereich herauszureißen.

Der Abschnitt **V.8–9** bringt gleichfalls Schlußmahnungen, eingeleitet mit der Wendung «zum Schluß», die bei Paulus häufig Abschlußmahnungen einleitet (2.Kor.13,11; 1.Thess.4,1; 2.Thess.3,1; vgl. Phil.3,1), und endend mit einem Friedensspruch. Die folgenden Ermahnungen sind freilich in ihrer Art auffallend. Sie bestehen in der Aufreihung eines Tugendkataloges, dessen einzelne Begriffe sonst im Neuen Testament nur selten oder überhaupt nicht begegnen, wohl aber durchweg in der populären stoischen Moralphilosophie beheimatet sind. Typisch dafür sind Begriffe wie «was guten Ruf hat», «was Lob verdient», «was liebenswert ist», und schließlich begegnet mit «Tugend» auch der Zentralbegriff griechischer Ethik. Es sind alles Begriffe des bürgerlichen Lebens, die hier aufgegriffen werden, es sind gesellschaftliche Werte, die hier in den Dienst neutestamentlicher Lebensgestaltung genommen werden. Bezeichnend ist die Freiheit, mit der Paulus diese ethischen Werte aus der griechischen Moralphilosophie – die doch «heidnische» Philosophie ist! – aufnimmt. Er ist offenbar nicht der Meinung, daß Christen vom Verhalten der Welt nichts lernen könnten und christliches Verhalten sich immer von heidnischem unterscheiden müßte. Was in der Welt um die Christen herum als Tugend gilt, dem sollen sie durchaus nachstreben. Andererseits steht auch dieses Aufnehmen von ethischen Werten aus der Umwelt immer unter dem Vorbehalt von Phil.1,10 und 1.Thess.5,21: Prüfet alles, das Gute behaltet. Der Friedensspruch in V.9b ist ebenso wie der in V.7 nicht bloß Wunsch, sondern Zuspruch.

4,10–20 Dankschreiben für die durch Epaphroditus überbrachte Gabe

10 Ich habe mich im Herrn herzlich gefreut, daß endlich wieder einmal euer Gedenken an mich aufblühen konnte. Ihr hattet ja meiner gedacht, aber keine Gelegenheit gefunden. **11** Ich sage das nicht, weil ich etwa Mangel leide. Denn ich habe gelernt, mir genügen zu lassen an dem, was ich vorfinde. **12** Ich weiß Entbehrungen zu tragen,/ ich weiß in Überfluß zu leben./ In alles und jedes bin ich eingeweiht:/ Sattsein und Hungern,/ Überfluß und Mangel haben./ **13** Alles vermag ich durch den, der mich stark macht. **14** Jedenfalls war es schön von euch, daß ihr an meiner Notlage Anteil genommen habt. **15** Ihr Philipper wißt ja auch selbst, daß am Anfang der Evangeliumsverkündigung, als ich von Mazedonien aufbrach, keine andere Gemeinde mit mir so auf Geben und Nehmen verbunden war, wie ihr es wart. **16** Denn sowohl in Thessalonich als auch (anderswo) habt ihr mir mehrmals etwas zu meinem Unterhalt zukommen lassen. **17** Nicht als ob ich auf Geschenk aus wäre! Ich suche vielmehr die Frucht, die reichlich zu euren Gunsten gebucht wird. **18** Ich habe aber (jetzt) alles erhalten und habe mehr als genug. Ich habe Überfluß, seit ich von Epaphroditus eure Gaben erhielt. Ein Wohlgeruch ist es, ein Opfer, das Gott willkommen und wohlgefällig ist. **19** Mein Gott aber wird euch durch Christus Jesus alles, was ihr nötig habt, nach seinem Reichtum in Herrlichkeit schenken. **20** Gott, unserem Vater, gebührt die Ehre in alle Ewigkeit. Amen.

Im Unterschied zu den verschiedenen bruchstückhaft wirkenden Ermahnungen in V.2–9 liegt in V.10–20 ein in sich geschlossener Abschnitt vor, in dem Paulus den Philippern für die empfangene Unterstützung dankt. Zwar kommt das Wort «Dank» in dem Abschnitt genau genommen gar nicht vor, doch ist der Charakter des Dankschreibens unverkennbar. Paulus drückt zunächst seine Freude über das «Gedenken» der Philipper aus (V.10), wehrt dann aber sofort den Gedanken, daß er bedürftig sei, mit dem Hinweis auf seine «Autarkie» ab (V.11–13). Was die Gabe der Philipper so willkommen macht, ist vielmehr dies, daß sie ein Zeichen ihrer Gemeinschaft mit dem Apostel ist, wie sich ja auch in der Vergangenheit das besonders gute Verhältnis zwischen Apostel und Gemeinde darin zeigte, daß er solche Gaben von keiner anderen Gemeinde außer den Philippern annahm (V.15–16). Er versteht diese Unterstützung als eine Frucht ihres Glaubens, die ihnen einst angerechnet werden wird (V.17), als ein Gott wohlgefälliges Opfer (V.18) und er ist gewiß, daß Gott sie umso reicher beschenken wird (V.19), worüber sie nur gemeinsam Gott preisen können (V.20).

Daß dieses Dankschreiben sich nicht an den Kampfbrief 3,2–4,3 u. 8f. angeschlossen haben kann, dürfte deutlich sein. Der dem Kampfbrief vorausgehende Brief 1,1–3,1 u. 4,4–7 setzt ja in 2,25 u. 30 die durch Epaphroditus überbrachte Unterstützung schon voraus. Das Dankschreiben muß also entweder zu dem Brief gehört haben, der über des Apostels Lage in der Gefangenschaft berichtete (1,1–3,1 u. 4,4–7), oder es muß noch vor diesem Gefangenschaftsbrief als erstes quittierendes Dankschreiben nach Philippi gegangen sein. Rechnet man 4,10–20 zu dem Gefangenschaftsbrief, dann muß der Dank am Schluß des Briefes gestanden haben, weil der Zusammenhang von 1,1–3,1 keine Lücke erkennen läßt, in die 4,10–20 passen würde. Das aber wäre höchst merkwürdig: Der eigentliche Anlaß des Briefes, der Dank für die Gabe der Philipper, würde erst am Schluß genannt, nachdem zuvor breit und ausführlich über anderes geredet, auf die empfangene Gabe zwar verschiedentlich angespielt, aber mit keinem einzigen Wort der Dank oder die Freude darüber zum Ausdruck gebracht wurde. Sollte Paulus etwa im Eifer seines Berichtens und Ermahnens den Dank vergessen haben, um dann am Schluß das Versäumte noch nachzuholen? Wem dies als keine überzeugende Lösung erscheint, der tut besser, 4,10–20 für ein selbständiges Dankschreiben zu halten, das Paulus wohl unmittelbar nach Erhalt der Gabe und wohl noch vor der Erkrankung des Epaphroditus an die Philipper schrieb.

Bezeichnend für dieses Schreiben ist es, daß der Apostel sich nicht nur in verschiedenen Wendungen und Umschreibungen für die Spende bedankt und ihren Empfang bestätigt, sondern daß er dabei zugleich diese Unterstützung durch die Philipper ins rechte Licht zu rücken, zu interpretieren, und seine eigene Freiheit und Unabhängigkeit gegenüber den Spendern zu wahren sucht. **V.10.** Bereits der erste Satz sucht mit auffallend gewählten Ausdrücken das Besondere dieser Gabe zu erfassen: «Ich habe mich im Herrn herzlich gefreut, daß endlich einmal wieder euer Gedenken an mich aufblühen konnte». Was wir mit «aufblühen» übersetzten, ist ein Ausdruck der gehobenen Sprache der Gebildeten, der das Aufsprossen und Aufblühen im Frühling bezeichnet. In dem «endlich einmal» könnte man einen leichten Vorwurf mithören; aber um einen solchen Vorwurf auszuschließen, fügt Paulus gleich hinzu: «Ihr hattet ja meiner gedacht, aber keine Gelegenheit gefunden». Inwiefern sie keine Gelegenheit gefunden hatten, wird nicht gesagt. Die Armut der Gemeinde, die sich aus 2.Kor.8,1f. entnehmen läßt, kann doch kaum der Grund gewesen sein. Wie sollte sich das so schnell geändert haben? Soll man an Bedrängnisse in Philippi denken, oder daran, daß etwa der Kontakt zu Paulus abgerissen war? Wichtiger ist die Deutung, die die Gabe schon in Vers 10 erfährt: Es geht um ein «Gedenken», um Fürsorge der Philipper, und dieses Gedenken ist wieder «aufgeblüht». Damit ist sowohl das Wunderbare dieses Geschehens angedeutet, als auch, daß es kein menschliches Werk, keine fromme Leistung ist. Wenn eine Blume aufblüht, ist das ja nicht ihre Leistung. Sie kann unter Gottes Schöpfungswirken gar nicht anders – sofern sie gesund ist und nicht abstirbt. So ist unter Gottes Schöpfungswirken an den Philippern auch ihre Gabe etwas natürlich-selbstverständliches und doch etwas wunderbares.

V.11–13. Die nächsten Sätze wollen einem Mißverständnis vorbeugen. Seine Freude über die Hilfe besagt nicht, daß er Mangel litte. Sein Dank soll nicht als ein Reflektieren auf ihre Barmherzigkeit und als Schielen auf weitere Hilfssendungen verstanden werden. Er sucht seine Freiheit und Unabhängigkeit auch gegenüber der liebevollen Hilfe der Philipper zu bewahren. Er hat gelernt, sich genügen zu lassen (wörtlich: autark zu sein) mit dem, was er vorfindet. Diese Autarkie des Apostels wird im Folgenden dann entfaltet, und zwar in einer Art von einem kleinen Gedicht von zwei Dreizeilern:

> «Ich weiß Entbehrungen zu tragen,
> ich weiß in Überfluß zu leben.
> In alles und jedes bin ich eingeweiht:
>
> Sattsein und Hungern,
> Überfluß und Mangel haben.
> Alles vermag ich durch den, der mich stark macht.»

Die erste Strophe nennt zuerst Entbehrungen, dann Überfluß, während die zweite Strophe mit Sattsein bzw. Überfluß beginnt und dann zum Mangel führt. Durch diesen chiastischen Aufbau im Schema a – b – b – a stehen die Entbehrungen (bzw. Mangel) am Anfang und am Ende und zeigen sich als das Umgreifende und eigentlich Bestimmende. Aber während der Schluß der ersten Strophe nur zusammenfassend feststellt, daß nichts und keine Lage dem Apostel fremd ist (wobei mit dem Wort «eingeweiht» wohl mit Bedacht ein Spezialbegriff der Mysterieneinweihung aufgegriffen ist), deutet der Schluß der zweiten Strophe den Grund an, weshalb Paulus all dies zu ertragen vermag. Der Grund liegt gerade nicht in ihm selbst, sondern allein in seinem Herrn.

Mit dem Stichwort «Autarkie» hat Paulus einen Zentralbegriff der kynisch-stoischen Lebenslehre aufgegriffen. Zwar ist es nicht absolut sicher, ob Paulus sich dessen bewußt war, weil das Wort auch sonst häufig gebraucht wurde und zu den Idealen jener Zeit gehörte. Aber das Besondere der paulinischen Aussage wird erst wirklich deutlich, wenn man sie auf dem Hintergrund des stoischen Autarkiegedankens sieht. Auch das Ideal des Stoikers ist es, autark, unabhängig, frei und unberührt von den Umständen und Gegebenheiten des Schicksals zu sein. Der göttliche Logos, die Vernunft, ist nicht nur der innerste Kern des Menschen, sondern zugleich das göttliche Gesetz, das die Welt, die Geschichte und das Schicksal bestimmt. Wenn der Weise deshalb in Übereinstimmung mit seiner Natur und damit in der Zustimmung zu seinem Schicksal lebt, zeigt er so nicht nur seine Verwandtschaft mit der Gottheit, sondern gewinnt zugleich auch das glückliche Leben. Er wird unabhängig von den Umständen und vom Schicksal dadurch, daß er sich zurückzieht auf sein eigenes, vernünftiges Wesen, und Distanz hält gegenüber dem, was nicht in seiner Verfügung steht. Nicht in unserer Verfügung stehen der Leib, Besitz, Ehren und Ämter;

in unsrer Verfügung dagegen stehen der Wille, Trieb, Begehren und Meiden. Der Kaiser kann zwar äußeren Frieden schaffen. «Kann er uns aber etwa auch Ruhe vor dem Fieber schaffen, kann er uns vor Schiffbruch, vor Feuersnot, Erdbeben oder Blitzschlag schützen? Vor Verliebtheit? Nein. Vor Trauer? Nein. Vor Neid? Nein. Vor nichts dergleichen kann er uns bewahren. Die Lehre der Philosophen aber verheißt uns auch davor Ruhe zu schaffen.»[9] Denn sie lehrt den Stoiker sich einzugliedern in die Natur, sich auf das zurückzuziehen, was in seiner Macht steht, und das willig zu ertragen, was nicht in seiner Macht steht. Er wird dadurch autark, daß er sich auf das zurückzieht, was sein eigentliches Wesen ist. So ist die Autarkie für ihn etwas, wozu er sich selbst erzieht. Die Gelassenheit gegenüber den Umständen ist eine Frage seines Willens. Es wäre töricht, eine Gottheit darum zu bitten. Nur die Arbeit an sich selbst macht den Stoiker frei und damit glücklich. So ist es letztlich der Mensch selbst, der sich autark, frei und glücklich macht.

Anders Paulus. Sein «ich vermag alles» klingt zwar an Marc Aurels «autark sein in allem» (Selbstbetrachtungen 1,16) an; aber die Fortsetzung ist dem Stoiker völlig fremd: «durch den, der mich stark macht». Es ist nicht des Paulus eigene Stärke und Selbstdisziplin, die ihn überlegen macht, sondern ein anderer ist es, der ihn hält. Darum braucht er seine eigene Schwäche und Menschlichkeit nicht zu überspielen, er braucht sich nicht zu etwas Besonderem oder gar zu einem Übermenschen zu machen. Gerade in seiner Schwachheit erweist sich Christi Macht an ihm (2.Kor.12,9f.). Die Haltung des Stoikers führt zu einer gänzlichen Ausschaltung der Affekte, zur Vermeidung auch von Mitleid, Erbarmen, Verliebtsein und Trauern, und letztlich zum Verzicht darauf, im äußeren Leben noch wirklich verantwortlich mitzuspielen. Paulus dagegen bleibt ganz und gar Mensch, schwacher, liebender und leidender, trauernder und hoffender Mensch. Er bleibt ganz und gar in den Dingen, die ihn umgeben. Er muß sich nicht krampfhaft in das Als-Ob hineinsteigern, als gingen ihn die Dinge um ihn herum gar nichts an. Er weiß von einem anderen, der ihn stark macht in seiner Schwäche, nicht erdrückt werden läßt in seiner Bedrängnis, nicht verzweifeln läßt in seiner Ratlosigkeit, nicht verläßt in der Verfolgung (2.Kor.4,8f.). Er braucht die Wirklichkeit seiner Lage nicht zu leugnen oder zu verdrängen, sondern weiß um einen Herrn, dessen Nähe ihn auch hier umgibt. Und weil dieser Herr der Gekreuzigte ist, können auch Bedrängnis und Tod seiner Nähe nicht widersprechen.

V.14. Die Worte über die Autarkie des Apostels waren nur eine Nebenaussage. In 14 kommt er wieder zur Hauptsache, zum Dank für die empfangene Gabe zurück: «es war schön von euch, daß ihr an meiner Notlage Anteil genommen habt». Die Gabe der Philipper ist ein Zeichen der Gemeinschaft, die sie mit dem Apostel verbindet. Wie der Glaubende Anteil am Evangelium hat (Phil.1,5) und zur Gemeinschaft mit seinem Herrn Jesus Christus berufen ist (1.Kor.1,9; Phil.3,10), so ist er damit auch in die Gemeinschaft mit anderen Glaubenden gestellt. Denn die Anteilhabe an dem einen Herrn konstituiert den Leib Christi (1.Kor.10,16f.), in dem der Glaubende ein Glied neben anderen Gliedern ist, auf die er angewiesen und für die er verantwortlich ist (1.Kor.12,21.25f.). Es gibt kein Christsein ohne diese Gemeinschaft, weshalb die Fürsorge für andere Glieder des Leibes zu den notwendigen Lebensäußerungen gehört, ohne die der Glaube tot ist. Die Gabe der Philipper ist daher nichts anderes als eine notwendige Lebensäußerung ihres Glaubens. Sie ist keine

---

[9] Epiktet, Gespräche III, 13,10f.; Übersetzung G. Hansen in Leipoldt/Grundmann, Umwelt des Urchristentums II, 3. Aufl. 1972, S. 328.

besondere Leistung, auf die sich ein Anspruch oder Verdienst gründen ließe. Sie ist das, was für die Glaubenden normal ist, aber eben damit ein Ausdruck der Würde, die ihnen mit der Berufung in die Christusgemeinschaft verliehen ist.

Paulus versucht, die Gabe der Philipper zu interpretieren, ins rechte Licht zu stellen. Er tut das nicht nur um der Gemeinde und ihres Glaubensstandes willen, sondern auch um seiner eigenen Unabhängigkeit willen. Die Gabe könnte ihren Empfänger abhängig machen vom Geber, sie könnte vor allem den Dienst des Apostels als bezahlten Job erscheinen lassen **V.15f.** Darum erinnert Paulus nun an das besonders herzliche Verhältnis, das ihn mit den Philippern verbindet, und das ihm erlaubt, von ihnen anzunehmen, was er von anderen Gemeinden nicht annimmt. Er erinnert dazu an seine missionarische Praxis, sich von keiner Gemeinde bezahlen zu lassen. Er weiß zwar um das Recht des Arbeiters auf seinen Lohn und darum auch des Verkündigers, sich von seinen Gemeinden unterhalten zu lassen (1.Kor.9,4–18); aber er hat auf dieses Recht immer wieder verzichtet, nicht nur, um die Gemeinden nicht zu belasten (1.Thess.2,9; 2.Kor.11,7–11; 12,13), sondern vor allem, um die Evangeliumsverkündigung vor Mißverständnissen zu bewahren (1.Thess.2,5; 1.Kor.9,12). Wie groß diese Gefahr war, kann man leicht ermessen, wenn man auf die vielen Wanderprediger, Wanderphilosophen und Gaukler sieht, die den Mittelmeerraum durchzogen und auf Kosten ihrer Anhänger gut zu leben verstanden. Lukian schildert im «Peregrinus» einen solchen Wanderprediger mit beißendem Spott, und die älteste christliche Kirchenordnung, die zu Beginn des 2.Jahrhunderts entstandene Didache, sieht sich gezwungen, ihre Gemeinden durch scharfe Bestimmungen vor der Ausnutzung durch solche Leute zu schützen (Did.11,4–10), wie ähnliche Überlegungen auch schon hinter den Bestimmungen der Aussendungsrede Luk.9,4; 10,7 und Mat.10,11 stehen. Vor diesem Hintergrund ist es zu sehen, wenn Paulus auf Unterhaltung durch die gegründeten Gemeinde verzichtet und von seiner eigenen Hände Arbeit lebt (1.Kor.4,12; 2.Thess.3,8f.). Es ist sein «Ruhm» (1.Kor.9,15), den er sich nicht nehmen lassen will, daß er sich für die Evangeliumsverkündigung nicht bezahlen läßt. Wenn er bei den Philippern hier eine Ausnahme machte, so nicht deshalb, weil sie etwa reicher gewesen wären als die anderen Gemeinden (vgl. dagegen 2.Kor.8,2!), sondern weil er bei ihnen dieses Mißverständnis nicht oder kaum befürchtet. So ist die Annahme von Spenden allein von den Philippern für diese eine Auszeichnung.

Vor diesem Hintergrund der beständigen Sorge, daß die Annahme von Geldern mißverstanden und ein Hindernis für die Evangeliumsverkündigung werden könnte, ist auch **V.17** zu verstehen: Paulus will nicht das Geschenk; aber er erwartet Frucht des Glaubens. Bereits in der Verkündigung Jesu wird der neue Wandel des Menschen als «Frucht» verstanden (Mat.3,8–10; 7,16–20; 13,8; Luk.13,6–9; Joh.15,2ff.), und Paulus spricht von der «Frucht der Gerechtigkeit» (Phil.1,11) und der «Frucht des Geistes» (Gal.5,22), die im Gegensatz zu den «Werken des Fleisches» steht (Gal.5,19). Damit wird der neue Wandel des Glaubenden als die natürlich-notwendige Folge des ihm geschenkten neuen Seins verstanden. Es ist keine Leistung, auf die der Christ pochen könnte, sondern eine notwendige Hervorbringung seines Glaubens – sofern der Glaube wirklich lebt und nicht tot ist –, eben Frucht, die von selbst auf dem Baum wächst, wenn der Baum in Ordnung ist. Eine ähnliche Vorstellung klang bereits in V.10 an, wenn es da hieß, daß ihr Gedenken wieder aufgeblüht ist. Als «Frucht des Geistes» (Gal.5,22) ist die Gabe der Philipper etwas natürlich-selbstverständliches und doch etwas wunderbares.

Diese Frucht der Philipper wird zu ihren Gunsten gebucht werden. Es wird über sie Konto geführt. Mit diesen Worten wird auf das Gericht Bezug genommen, das auch über den Christen ergehen wird. Es ist ja bezeichnend für die paulinische Theologie, daß trotz der radikalen Botschaft von der Rechtfertigung allein aus Glauben, ohne Werke des Gesetzes, an einem Gericht über die Christen festgehalten wird (Röm.14,10ff.; 1.Kor.3,8.13ff.; 4,4f.; 2.Kor.5,10; 9,6). Dadurch wird der Glaube nicht nur vor einer falschen, geruhsamen Sicherheit, und also vor dem Unglauben bewahrt, es bleibt auch das neue Leben, das Tun des Christen durch die Verantwortung vor dem Geber und Herrn des Lebens bestimmt. Das Gute, das der Christ tut, hat seinen Wert nicht in sich selbst, sondern gewinnt ihn erst durch das Urteil des Herrn, der sich selbst für die Welt hingegeben hat.

V.18. Paulus bestätigt, alles empfangen zu haben, lobt ihre Gabe damit, daß er erklärt, jetzt übergenug zu haben, und interpretiert sie noch einmal mit den folgenden Opferbegriffen. Ihre Spende ist ein Gott wohlgefälliges Opfer. Auch die Bezeichnung als Wohlgeruch gehört zur Opferterminologie des Alten Testaments (1.Mos.8,21; 2,Mos.29,18; 3.Mos.1,9.13). Weil einer für alle gestorben ist, darum können die, die durch seinen Tod leben, nun nicht mehr sich selbst leben, sondern nur noch dem, der für sie gestorben und auferstanden ist (2.Kor.5,14f.). Ihr Leben kann nur noch in der Hingabe bestehen, darin, daß sie «ihre Leiber als lebendiges Opfer geben», was nach Röm.12,1 der neue, vernünftige Gottesdienst ist. In diesem Zusammenhang ist die Aussage des Philipperbriefes zu sehen. Die Spende der Philipper ist ein Stück dieses ihres Opfers und damit ein Ausüben und Einexerzieren ihrer neuen Existenz **V.19f**. Gott aber wird den Mangel der Philipper, auch den, der ihnen durch ihr Opfer entstanden ist, nach seinem überschwenglichen Reichtum ausfüllen und beheben. Diese Gewißheit hat Paulus durch Christus Jesus, sie ist in der Zuwendung Gottes, von der das Evangelium spricht, selbst enthalten. Darum schließt das Dankschreiben mit einer Doxologie, einem Lobpreis.

4,21–23 Grüße und Segen

21 Grüßt jeden Heiligen in Christus Jesus! Es grüßen euch die Brüder, die bei mir sind. 22 Es grüßen euch alle (übrigen) Heiligen, besonders die aus dem Haus des Kaisers. 23 Die Gnade des Herrn Jesus Christus sei mit eurem Geist.

Der Brief endet antiker Konvention entsprechend mit Grüßen und Segenswunsch. Da Paulus seine Briefe zu diktieren und nur einen kurzen eigenhändigen Schluß anzufügen pflegte (vgl. Gal.6,11; 1.Kor.16,21; Röm.16,22), besteht die Möglichkeit, daß Paulus auch hier den Briefschluß selbst geschrieben hat. Offen aber ist die Frage, zu welchem der im Vorangehenden festgestellten Briefe nach Philippi dieser Briefschluß gehörte. Man rechnet ihn gemeinhin zu dem Gefangenschaftsbrief 1,1–3,1 u. 4,4–7, doch gibt es dafür keine eindeutigen Indizien.

Die Gemeinschaft, zu der die Glaubenden in Christus verbunden sind, führt ganz konkret praktisch dazu, daß man einander grüßt und Grüße bestellt, wie das in Familien und unter Freunden üblich ist (vgl. die Grußlisten in Röm.16; 1.Kor.16,19f.; 2.Kor.13,12; 1.Thess.5,26; Philem.23f.). Wie sich an verschiedenen Stellen erkennen läßt, sollten die paulinischen Briefe in den gottesdienstlichen Versammlungen verlesen werden (vgl. 1.Kor.16,22f.; Kol.4,16). Die Aufforderung «grüßt» ist daher wohl an diejenigen gerichtet, die die Gemeindeversammlung leiten und den Brief vorlesen sollen. Paulus läßt «jeden Heiligen» grüßen; zum Verständnis dieser christlichen Selbstbezeichnung vgl. Phil. 1,1 und die dortigen Ausführungen (S. 14f.). Auffallend ist, daß Paulus hier im Gegensatz zu seinem sonstigen Sprachgebrauch von «Heiligen» im Singular spricht. Man entnahm daraus zuweilen, daß es Paulus hier um jeden einzelnen gehe, und sah darin eine Parallele zu Phil.1,1; doch gebraucht Paulus in 1,1 gerade den Plural!

Nach den eigenen Grüßen folgen die der «Brüder, die bei mir sind». Gemeint sind offenbar die Mitarbeiter in seiner unmittelbaren Nähe. Wie sich dieses Umgebensein mit einem Kranz von Mitarbeitern zu der pessimistischen Aussage von Phil.2,21 verhält, braucht nur dem Schwierigkeiten zu bereiten, der den Briefschluß dem Gefangenschaftsbrief 1,1–3,1 zuordnet. Die an dritter Stelle genannten «alle (übrigen) Heiligen» sind die übrigen Christen am Abfassungsort. Schließlich werden noch besonders «die aus dem Haus des Kaisers» genannt. Früher sah man darin ein Indiz für die Abfassung des Briefes in Rom. Doch hat eine Fülle von Belegen gezeigt, daß mit diesem Ausdruck ganz allgemein die kaiserlichen Sklaven und Freigelassenen bezeichnet wurden, die es überall im Reich gab. auch z.B. in Ephesus, wie aus Inschriften hervorgeht.

Gehörte es zum Stil des profanen Briefes, dem Empfänger zum Schluß Wohlergehen zu wünschen, so wünscht Paulus, daß die Gnade Jesu Christi bei ihnen bleiben möge. Der Gnadenspruch, mit Philem.25 und Gal.6,18 übereinstimmend, ist in Anlehnung an gottesdienstliche Formeln gebildet und lenkt noch einmal zum zentralen Thema des Briefes und Grund christlicher Existenz zurück.

Wichtige Literatur

K. Barth, Erklärung des Philipperbriefes, Zürich⁶ 1959.
G. Baumbach, Die Frage nach den Irrlehrern in Philippi, Kairos XIII, 1971, 252–266.
F. W. Beare, A Commentary on the Epistle to the Philippians (BNTC) ²1969.
G. Bornkamm, Der Philipperbrief als paulinische Briefsammlung, Ges. Aufs. IV, 1971, 195–205.
G. Eichholz, Die Theologie des Paulus im Umriß, Neukirchen 1972.
– Bewahren und Bewähren des Evangeliums, Der Leitfaden von Phil. 1–2; in: Tradition und Interpretation, 1965, 138–160.
G. Friedrich, Der Brief an die Philipper (NTD 8), Göttingen ¹⁴1976.
D. Georgi, Der vorpaulinische Hymnus Phil. 2,6–11, Zeit und Geschichte, FS. R. Bultmann 1964, 263–293.
J. Gnilka, Der Philipperbrief, Freiburg 1968.
O. Hofius, Der Christushymnus Phil. 2,6–11, Tübingen 1976.
R. Jewett, Conflicting Movements in the early Church as reflected in Phil. NT 12, 1970, 362–390.
E. Käsemann, Kritische Analyse von Phil. 2,5–11, Exegetische Versuche und Besinnungen I, ⁶1970, 51–95.
H. Köster, The Purpose and Polemic of a Pauline Fragment, NTS 8, 1961/62, 317–332.
E. Lohmeyer, Der Brief an die Philipper, Göttingen ⁹1953, erg. v. W. Schmauch 1964.
W. Lütgert, Die Vollkommenen im Philipperbrief und die Enthusiasten in Thessalonich, Gütersloh 1909 (BFCTh 13,6).
W. Michaelis, Die Datierung des Philipperbriefes, Gütersloh 1933.
J. Müller-Bardorf, Zur literarischen Einheit des Philipperbriefes, WZ(J)GS 7, 1957/58, 591–604.
W. Schmithals, Die Irrlehrer des Philipperbriefes, ZThK 54, 1957, 297–341.
O. Schmitz, Zum Verständnis von Phil. 1,21, Ntl. Studien f. Georg Heinrici, 1914, 155–169.
P. Schubert, Form and Function of the Pauline Thanksgivings, Berlin 1939.

Stellenregister

1. Mose			66,20	24		4. Esra	
1,26	42		69,29	71		7,92ff.	34
3,5	42						
8,21	79		Sprüche			Matthäus	
17,12	58		4,18	21		3,8–10	78
			8,22f.	**46**		5,11f.	38
2. Mose						5,14ff.	50
16,2	49		Jesaja			5,43ff.	73
17,3	49		4,3	14		6,25ff.	73
19,6	14		42,17	**67**		7,16–20	78
29,18	79		42–53	**45**		7,18	23
32,32	71		43,18	**63**		9,37f.	56
			45,4	**45**		10,10	56
3. Mose			45,23	**44f.**		10,11	78
1,9	79		49,6	**45**		10,24f.	38
1,13	79		53	**42**		12,33	23
12,3	58		62,12	14		13,8	78
16	62		65,16f.	**63**		13,23	23
						17,17	50
4. Mose			Jeremia			24,5	66
11,1	49		4,4	**56**		24,11	66
14,27	49		9,26	**56**		27,27	9.25
25,11	59					28,18	48
			Ezechiel				
5. Mose			37,28	14		Markus	
10,16	56					6,7	13
32,5	50		Daniel			9,1	73
			12,1	**71**		13,11	29
Josua			12,2	**67**		13,24–27	33
24,29	14						
			Jona			Lukas	
1. Samuel			4,3	**31**		6,22ff.	38
2,6f.	45					7,35	46
			Weisheit			9,4	78
2. Samuel			7,25f.	**46**		9,41	50
7,5	14					9,62	63
			Tobias			10,1	13
1. Könige			3,6	**31**		10,7	78
8,53	14					10,20	71
			Sirach			11,49	46
2. Könige			4,11ff.	**21**		13,1ff.	21
10,10	14		24,9	**46**		13,6–9	78
17,23	14		45,23	**59**		16,22f.	34
						23,43	34
Esra			1. Makkabäer				
9	58		2,54	**59**		Johannes	
						6,35	50
Hiob			2. Makkabäer			6,56	37
3,11	31		7,36	**34**		6,68	50
			7,37f.	**62**		8,31	37
Psalmen						9,2	21
1,3	21		3. Makkabäer			15,2ff.	78
21,14	24		7,11	**67**		15,4ff.	37
34,13	21					18,28	9.25
35,28	24		4. Makkabäer				
36,10	50		6,28f.	**62**		Apostelgeschichte	
						2,40	50

83

9,13	14	13,11	34.73	13,12	31
9,32	14	14,10ff.	23.79	14,27ff.	16
13,14	8	14,17	55	15,9	59
14,1	8	14,23	50	15,12	65.70
15	28	15,5	39	15,20ff.	35
16,1ff.	13	15,7	24.41.45	15,20–28	48
16,6–10	7	15,13	22.72	15,27f.	68
16,13	7	15,14–29	53	15,32	9
16,13–40	8	15,14–33	52	15,50	57
16,19–40	38	15,16	51	15,51f.	33.68
17,1f.	8	15,22ff.	24	16,1f.	16
17,10	8	15,28	9	16,5ff.	8.24.53
18,4	8	15,33	72	16,5–12	52
18,12f.	7	16,1	79	16,9	66
18,19	8	16,2	36	16,10	52
20,6	8	16,3	53	16,13	37
23,6	58f.	16,9	53	16,19f.	79
26,5	59	16,21	53	16,21	13.79
		16,22	13.79	16,22f.	79

Römer

1,1	14	1. Korinther		2. Korinther	
1,7	14	1,4	17	1,5	20
1,8	17	1,9	77	1,8f.	9
1,9	17	1,12	28	1,9	20
1,11	54	1,17f.	66	1,14	32
1,16	18	1,26	57	1,15f.	53
1,17	61	1,29	32.57	1,17	57
2,28	56f.	1,31	32	1,19	52
3,9	59	2,3	49	1,24	55
3,21ff.	61	2,6	64f.	2,12f.	53
3,25	61	3,5	16	2,13	8
3,27	32	3,8	79	2,14	30
4,1	57	3,13ff.	23.79	2,17	66
4,5	61	4,4f.	79	3,8	16
4,17	57	4,8	65.70	4,6	18
5,5	67	4,12	78	4,8f.	77
6,16f.	13	4,17	52	4,10	20
6,20	13	6,14	35	4,14	32
7,14ff.	59	7,7	71	4,15	24
8,3	42.61f.	7,22	14	5,1–10	33
8,5	57	7,29	73	5,7	61
8,6	57	8,1ff.	23	5,10	23.79
8,12	57	9,1ff.	23	5,11	49
8,24	23	9,4–18	78	5,14f.	62.79
8,26	30	9,5	71	5,17	18.65
9,3	57	9,12	78	5,18	16
9,5	57	9,15	78	5,19	15
9,33	67	10,10	49	5,21	61
10,3	61	10,15	23	6,2	65
10,9	44	10,16f.	77	6,4	16
11,20	49	10,18	57	7,5	8.53
12	15	10,31	24	7,6	52
12,1	79	11,1	41	7,11	49
12,2	22	11,13	23	7,15	49
12,6ff.	16	12	15	8,1f.	75
12,8	16	12,3	44	8,2	78
12,11	14	12,7ff.	15	8,7	22
12,12	55	12,10	22	8,16	52
12,16	39	12,21	77	8,18	71
13,8	59	12,25f.	77	8,22	71
13,9	23	12,28	15f.	8,23	52f.

Stellenregister

9,6	79	4,7ff.	52	Hebräer	
9,8	22	4,12	14.53	1,3f.	41.44
9,10	22	4,16	79	2,8	68
10,1ff.	28.57	4,18	13	12,23	71
10,15	22			13,24	14
11,7–11	78	1. Thessalonicher			
11,9	8	1,2	17	1. Petrus	
11,13	56	1,3ff.	17	2,22	41
11,18	58.66	1,6	55	3,22	44.48
11,22ff.	58	2,2	8.38	4,13	38
11,23ff.	9.16	2,5	78	5,7	73
12,9	20.51.77	2,9	78		
12,10	20	2,12	36	1. Johannes	
12,11	28	2,19	32	4,1	66
12,13	78	3,2	52		
12,18	71	3,6	52.54	Offenbarung	
13,11	39.54f.72.74	3,8	37	2,7	50
13,12	79	3,12	22	3,5	71
		4,1	22.54.74	10,7	14
Galater		4,13ff.	34f.	14,12	14
1,10	14	4,13–18	33	20,12	71
1,13	59	4,14	32	21,3	33
1,15	25	4,15	73	21,27	71
1,16	57	4,17	32	22,17	50
2,1ff.	28	5,10	32		
2,16	57	5,12ff.	15ff.23	außerbiblische Texte	
3,10	59	5,16	55		
3,13	61	5,21	22f.74	Thomasakten	
5,1	14.37.50	5,26	79	108,9	46
5,6	56				
5,11	66	2. Thessalonicher		Didache	
5,19	78	2,15	37	11,4–10	78
5,22	23.32.55.73.78	3,1	54.74	15,1	16
		3,8f.	78		
5,25	37	3,17	13	äthiopischer Henoch	
6,11	13.79			22	34
6,12ff.	66f.	1. Timotheus		47,3	71
6,15f.	56	3,16	41	48,3	46
6,18	80			48,6	46
		2. Timotheus		62,7	46
Epheser		2,18	65.70		
1,17	21			Aischylos, Prometheus	
1,20	48	Titus		747	31
1,21	44	1,10	66		
1,22	68			Marc Aurel,	
4,1	36	Philemon		Selbstbetrachtungen	
5,9	23	1	53	1,16	77
5,10	22	2	53		
5,17	22	4	17	Plato, Apologie	
6,10	54	5	17	40	31
		6	21f.		
Kolosser		10	26	Qumranschriften	
1,7	53	22	24.52	1 QS 5,5	56
1,9	21f.	23	53.79		
1,10	36	24	53	Jubiläen	
1,15	41	25	80	19,9	71

Sachregister

Anfechtung, 19.30
Apokalyptik, 33–35.45f.65
Auferstehung der Toten, 34f.61.63.65.69f.
Autarkie, 76–78

Beschneidung, 56ff.67
Bischof, 15f.

Cäsarea, 8ff.
Charismen, Gnadengaben, 15.22

Danksagung, 17f.21.75
Diakon, 15f.

Einigkeit, 37.39f.69.71
Enthusiasten, 65f.70
Epaphroditus, 9.18.21.24.51.53f.74f.
Ephesus, 8ff.25.80
Ermahnungen, Paränese, 24.36f.39ff.49ff.72.74f.
Eschatologie, 33–35.48.63.68.73
Ethik, 22f.31

Fleisch, 56–59.61
Freude, 19.29.31.51.55.72f.76
Frucht, 23.32.75.78f.
Fürbitte s. Gebet

Gebet, Fürbitte, 19.21.29
Gefangenschaft des Apostels, 8.10.20f.25ff.38.51f.
Gemeindesituation, 8.10.36.38.52ff.66
Gerechtigkeit s. Rechtfertigung
Gericht, Tag Christi, 19.23.35.50.67f.79
Gesetz, 46.49.56.58–61.69
Glauben, 18f.22ff.29f.32.49f.55.60f.66.68.73.77ff.
Gnade, 21.23.32.38.96.
Gnadengaben s. Charismen
Gnosis, 46.64.70.

Heilige, 14.79f.
Hiob, 21.29

Irrlehrer, 8.10.28.55f.64ff.69–71
Jesus Christus,
– Auferstehung, 15.35.41.48.57.60–63.65.73
– Erhöhung, 41ff.46.48
– «In Christus», 14f.25f.40.60
– Kreuz Christi, 28.43.64–69
– Menschwerdung, 42f.45

– Präexistenz, 42f.45ff.
– Stellvertretung, Sühnopfer, 43.61f.
– Tod Jesu, 15.35.41ff.57.60ff.65.68f.79
– Wiederkunft Jesu, 32f.35.73
Judaisten, 28.66.69

Korinth, 7ff.13.16.28.65.70
Kreuzestheologie, 28.43.52.64

Leiden
– allgemein, 10.21.38
– um Christi willen, 25.37f.
– Anteil am Leiden Christi, 20f.26.59.61f.
Libertinisten, 67ff.
Liebe, 20–24.37.39.73

Menschensohn, 45f.
Mythos, 46f.

Naherwartung, 33f.73
Nomismus, Nomisten, 70

Offenbarungen, 64f.

Paränese s. Ermahnungen
Prätorium, 8f.25
Prozeß des Apostels, 20.25f.30.32.53

Rechtfertigung, 23.49.60f.79
Rom, 8ff.13.25
Ruhm, rühmen, 32f.50.57.59.61f.67.78

Sklave Christi, 14
Staat, 68
Stoa, 23.76f.
Synergismus, 49
Synkretismus, 7.70

Tag Christi s. Gericht
Timotheus, 9.13f.52f.
Tod als Gewinn, 31

Unabhängigkeit des Apostels, 76–78

Verfolgung, 21
Vollkommene, Vollkommenheit, 64f.68.70

Zukünftigkeit und Gegenwärtigkeit des Heils, 48. 61.63.65f.70

Bisher erschienen

Altes Testament
Walther Zimmerli
1. Mose 1–11: Urgeschichte. 3. Aufl., 436 Seiten, Pappband.
1. Mose 12–25: Abraham. 150 Seiten, kartoniert.

Franz Hesse
Hiob. 217 Seiten, kartoniert.

Georg Fohrer
Jesaja 1–23. 2. überarb. Aufl., 263 Seiten, Pappband.
Jesaja 24–39. 2. überarb. Aufl., 205 Seiten, Pappband.
Jesaja 40–66. 268 Seiten, Pappband.

Robert Brunner
Ezechiel 1–24. 2. überarb. Aufl., 268 Seiten, Pappband.
Ezechiel 25–48. 2. überarb. Aufl., 158 Seiten, Pappband.

Heinrich Kühner
Zephanja. 70 Seiten, Pappband.

Robert Brunner
Sacharja. 176 Seiten, Pappband.

Neues Testament
Wilhelm Michaelis
Das Evangelium nach Matthäus. Kap. 1–7. 384 Seiten, Pappband.
Das Evangelium nach Matthäus. Kap. 8–17. 392 Seiten, Pappband.

Gottlob Spörri
Das Evangelium nach Johannes. Kap. 12–21. 220 Seiten, Pappband.

Ernst Gaugler
Der Brief an die Römer. Kap. 1–8. 2. Aufl., 366 Seiten, Pappband.

Dieter Lührmann
Der Brief an die Galater. 123 Seiten, kartoniert.

Gerhard Barth
Der Brief an die Philipper. 86 Seiten, kartoniert.

Willi Marxsen
Der erste Brief an die Thessalonicher. 80 Seiten, 1 Karte, kartoniert.

Victor Hasler
Die Briefe an Timotheus und Titus. 111 Seiten, kartoniert.

Eduard Schweizer
Der 1. Petrusbrief. 3. Aufl., 116 Seiten, Pappband.

Charles Brütsch
Die Offenbarung Jesu Christi. Johannes-Apokalypse.
Kap. 1–10. 2. überarb. Aufl., 415 Seiten, Pappband.
Kap. 11–20. 2. überarb. Aufl., 391 Seiten, Pappband.
Kap. 21/22. Anhang, Lexikon, Bibliographie. 2. überarb. Aufl., 395 Seiten, Pappband.